ジェンダー平等と国際協力

—開発ワーカーと研究者の視点から—

甲斐田きよみ

創成社新書
68

はじめに

2021年12月、本書の構成を考えている際に、2021年の新語・流行語のトップ10の1つに「ジェンダー平等」が選ばれたというニュースがあった。ジェンダー平等とは、それほど普及している言葉なのかと驚いた。東京オリンピックに関わる委員会での「女性が多い会議は長くかかる」という政治家の発言が多くの人々の怒りを招いたことや、SDGs（持続可能な開発目標）が教育現場や企業、メディアでも盛んに取り上げられるようになり、「ジェンダー平等」がSDGsの目標の1つであること、日本のジェンダー格差ランキングが毎年のように下位から脱出できず、管理職や専門職に占める女性の割合の低さ、男女の賃金格差、女性国会議員の少なさ等が問題視されたこと等が背景にあるだろう。

私は現在、都内の私立大学で教員として働いている。ジェンダーや国際協力に関連する科目を担当し、1年生から大学院生まで若い学生と日々接している。ジェンダーに関心を持つ学生が多いことは嬉しいが、ジェンダーに基づく差別を経験したことがないと回答する学生も珍しくはない。社会人になっていない学生にとっては、「女性だから」「男性だから」とい

これまでに滞在・調査した主な国

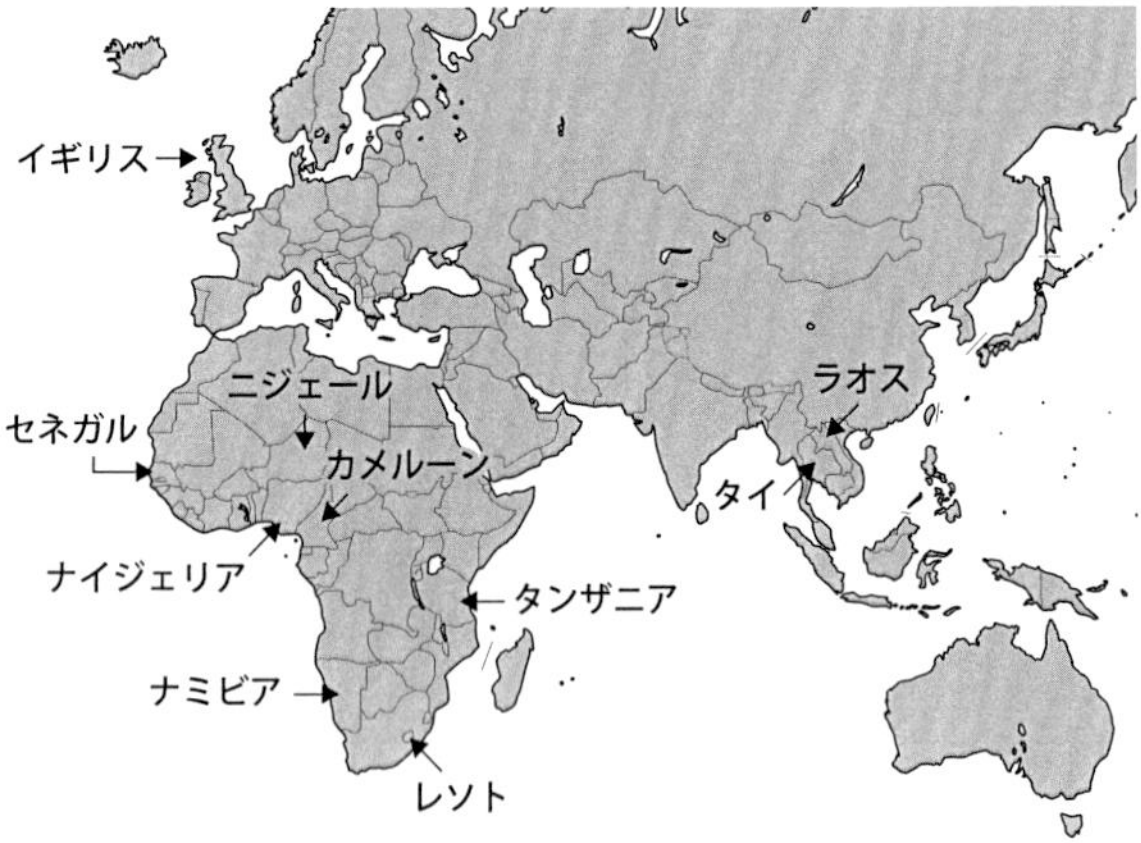

出所：筆者作成。

う理由で差別される機会は少ないかもしれないが、学校教育の場やアルバイト先、家庭内やメディアにも、ジェンダーに基づく差別は溢れていると思う。学生は差別されていることに気づいていないだけではないだろうか。しかし、自分は大学生のときにジェンダー差別に気づいていたのだろうか。自分はどんな経緯でジェンダー平等に関心を持ったのだろうか。そして、国際協力への関心とジェンダー平等への関心はどこで交差したのだろうか。１人の日本国内で育った日本人女性が、どのようにジェンダー平等と国際協力に関心を持ち、それを仕事にし、発展途上国と呼ばれる国々で生活してきたのか、本書を通して経緯を辿ってみよ

う と考えた。最初の長期海外駐在はニジェールだが、以来、アフリカを中心に複数の国で開発ワーカーとして、あるいは研究者として滞在してきた。当初は「ジェンダーと開発」の専門家としてＪＩＣＡ（国際協力機構）の仕事に携わってきたことと、研究者として「ジェンダーと開発」について考えてきたことを纏めようと思っていたが、ジェンダーに無関心だった高校時代に遡り、どのような経験がジェンダー平等と国際協力への関心に繋がったのか整理してみることにした。

本書の構成として、第1章では筆者が「ジェンダーと開発」に関心を持つようになった経緯を、ジェンダーに無関心だった高校時代から、イギリスの大学院で「ジェンダーと開発」を専攻するまでを振り返る。女子大に刺激されて女性の自立に目覚めるものの、公務員生活でジェンダーに基づく差別を経験し退職、青年海外協力隊として西アフリカのニジェールで活動する中で気付いたことを、当時の記録を頼りに書き起こした。さらに南部アフリカのレソトで国連ボランティアとして村落部の女性のグループ活動支援をし、イギリスの大学院で国際開発学、とりわけ「ジェンダーと開発」の理論を学び、ニジェールやレソトの国際協力の現場で見聞したことを、ジェンダーの視点で分析する姿勢を身につけた経緯に触れていく。第2章では、開発ワーカーとして本格的に「ジェンダーと開発」の専門家として仕事をする中で、ジェンダー平等とは何かを現場でどのように考えてきたのか、主にＪＩＣＡ専門家としてナイジェリアで従事した女性支援の活動を通して振り返る。第3章では、研究者として取り組んできた「ジェンダーと開発」の研究を紹介する。大学院に進学し、再度ナイジェリアで女性たちに向き合いインタビューを進める中で、開発ワーカーの仕事で気づかなかったことを発見し、世帯内の意思決定にどのように女性たちが参加しているのか纏めた博士論文の概要を述べる。その後、ナミビア、ラオス、タイ、カメルーンでの世帯内意思決定への女性の関わりに関する研究を紹介し、ジェンダー平等とは何か、研究者として取り組み考えたことを記した。

将来、国際協力に関わりたい人々、既に関わっている人々、アジアやアフリカに関心のある人々、そしてジェンダー平等の実現に向けて闘いたい人々に本書を手にとっていただき、ジェンダー平等とは何かを考える一助になれば大変嬉しい。

目次

第1章　「ジェンダーと開発」への関心

1．高校・大学・就職先での気付き

ジェンダーに基づく差別に無頓着な高校生活

高校生のときはジェンダーという言葉もまだ知らなかったと思う。そしてジェンダーに基づく差別が身の回りにあることにも気付いていなかった。東京で二番目に古い都立の伝統校である都立立川高校に通ったが、保護者や教員の中には卒業生も多く、伝統を守ることが素晴らしいという価値観が強かった。様々な行事やクラスの役割でも明確な性別役割分業があり、何も疑問に感じずに女子役割をこなしていた。私服通学で厳格な校則は何もなく、ピアスもパーマも髪を染めることも自由だった。学校でティーン向けのファッション誌を友人たちと回し読みし、メディアが提供する「女の子らしさ」を服装でも言動でも実践していたと思う。当時は共学の高校では流行っていたと思うが、クッキーやケーキを手作りし、マフラーやセーターを手編みして男子にプレゼントするという、女子に求められる役割を積極的にこなしていた。もっとも、このときに習得した編み物が、その後、青年海外協力隊に役立つこととなった。

この高校には男子学生が女子の2倍在籍していた。もともと男子校であり、女子を受け入れる設備が充分ではないという説明がされていた。男子の定員が女子の2倍あるため、当然、女子の倍率はとても高くなる。受験の際に不利益を被ったにも関わらず、仕方のないことと思っていた。また、女子を受け入れる設備が充分でないという説明に疑問をもたなかった。しかし、どんな設備があるというのだろう。トイレや更衣室が足りないのであれば、いくらでも改築できただろう。女子が増えると、男子校時代からの伝統が脅かされるということも言われていた。1学年下の代で、生徒会長に立候補した女子がいた。その際に、多くの学生と一緒に「生徒会長は男子の役でしょう」と女子の立候補に反対したことを覚えている。この10年後には国際協力の現場で、ジェンダー平等推進の壁になる「伝統文化」に直面することになったのだが、自分自身も「伝統文化を守ることは大切なこと」という大義名分の裏で、ジェンダーに基づく差別があることに当時は何も気づかなかった。学校側には、男女平等意識も女子生徒を受け入れる意志も欠けていたのだと思う。その後、男女比の不均等な定員はなくなったものの、今でも男女の定員が決められている。そのため成績の良い女子が不合格になり、その女子よりも成績が悪くても男子が合格する。この都立高校の男女定員問題は2022年現在でも存在し、公立では全国で唯一、都立高校に残る問題となっている（注1）。

女子大の洗礼

東京女子大学へ進学し、初めて女子しかいない環境で過ごすことになった。日比谷公会堂で行われた入学式では、式典後に外に出ると他大学のサークルからの勧誘の男子学生でひしめきあっていた。当時は女子大の学生は共学の他大学のサークルに入ることは珍しくなかった。翌日の新聞には「女子大生、モテモテの春」という見出しで入学式の様子が取り上げられていた。当時は「女子大生」がもてはやされる対象であった。

私が通った現代文化学部のキャンパスは、今ではなくなってしまったが、三鷹市牟礼の井の頭公園に近い緑の多い小さなキャンパスだった。最寄りの駅まで歩いて15分くらい、静かな住宅地や畑を抜けると、玉川上水の木々の緑に覆われた一角に大学の正門が見えてくる。この通学路が安全とは言えなかった。授業の始まる時間、終わる時間など、多くの学生が一斉に登下校する際は人通りがあるが、それ以外の時間帯や夕方以降は住宅地や畑は人通りが少なかった。正門前の交差点には「女子大前」という標識があり、通学する女子大生を狙った変質者が出没するという噂も事件も度々あった。そのため、西荻窪にあるもう一つのキャンパスと、牟礼キャンパスを行き来していた大学のスクールバスが、キャンパスと駅の間も往復するようになった。女性が単独で行動しよう、遠くに出かけようとすると、暴力の被害に遭うかもしれないという脅威にさらされ、行動が制限されてしまう。その後、国際協力の現場でも度々見聞きしてきたが、女子が学校に行かない原因の1つには、通学路の安全性が確保されていないことが挙げられる。また女性に対する暴力の可能性は、女性の行動を制限する要因となる。

大学の門を教職員以外の男性が通る場合は、事前に許可が必要とされていた。他大学の学生がサークルの活動でキャンパスに来ていたが、若い男性がキャンパス内を歩いていると目立っていた。構内への男性の立ち入りを厳しくチェックしていた理由は、構内に学寮が併設されていたためであった。地方出身の学生も多く、大学構内の学寮に住んでいる人も多かった。当時、女子学生が実家を離れて一人暮らしをしていると、就職活動の際に不利になるということが当然視されていた。しかし大学の学寮であれば、「管理されている」という理由で、例外とされていた。学寮であれば通常、門限があり無断外泊はできない。女性は結婚するまで実家に暮らし、一人暮らしをするものではないという規範がまだ残っていたと思う。学寮に住んでいた同じゼミの友人が、女子だけ不公平だということをよく話していた。しかし、私は実家から通っていたため、友人の不満をよく理解していなかったと思う。

学生の約半数は女子高の出身者で、女子だけの環境に慣れているようだった。小規模大学だったが、大きな講義室に100人くらい女子学生だけが座っているという状況は異様に感じられた。しかし、女子高出身の彼女たちが私の高校に来たら、女子の2倍も男子がいる共学の高校の様子に同様に驚いたことだろう。女子高出身の友人たちを観察していると、リーダー役をためらいもなく出来る人たちが多いことに気付いた。私の高校では、前述のように生徒会長は男子の役割であり、リーダー的ポジションは男子が担うことを当然としていた。しかし、女子しかいない環境で高校生活を送ってきた人たちは、リーダーを引き受けることに何の躊躇いもなく、そして堂々と人前で話していた。共学の高校で女子役割を実践している間に、女子高では自立した女性リーダーが育成されるのだと驚いた。女性しかいない環境では、司会もゼミ長も何らかのプロジェクトリーダーも、女性が担うしかない。

1年次に「女性学」という授業を受講した。性別役割分業という概念を学び、高校時代の自分の行動が正に当てはまるのだと感じた。この授業で「女性差別撤廃条約（注2）」の全文を読んだことを覚えている。15年後に、JICA専門家としてナイジェリアの連邦女性課題省の附属機関に派遣された際に、この「女性差別撤廃条約」がどれほど貴重で重要な国際条約であるかをナイジェリア人の同僚たちから学んだ。

女子大生活の中で少しずつ自立して行動できるようになり、1年生の春休み、初めて海外に渡航した。個人旅行をする勇気はまだなかったので、大学生向けの短期語学留学のパック旅行に参加し、カナダのビクトリアに滞在した。ホームステイ先から1人でバスに乗って語学学校に通うだけで、当時の私にとっては大冒険だった。これを機に、海外に出ていくことが楽しくなり、3年生の夏休みには友人と2人で初のバックパック旅行にでかけた。2人で格安航空券を買い大まかな日程を決め、ホテルは現地で探した。トルコを経由してギリシャ、エジプトと5週間の旅となった。エジプトでは古代遺跡が目的だったが、貧乏旅行のため公共交通機関や徒歩で遺跡を巡っていると、遺跡と遺跡の間には観光地ではない村落部があり、子どもたちに囲まれてしまったことがあった。ボロボロの服に裸足の子ども達が私達を囲み、お金を要求してきたところ、遠くから母親らしい女性が子どもたちを叱って呼び戻した。これが初めて途上国の貧困に接した体験であった。

大学では2年生のときから地域社会学のゼミに所属し、ゼミの先生の研究テーマの1つであった「内発的発展論」を学んだ。ゼミの先生は沖縄、水俣、中国雲南省、ネパールと様々なフィールドで、不条理な状況にある市井の人々が、自分たちの生活を改善しようと闘う様を研究されていた。エジプトでの体験から、発展途上国の貧困や南北格差の問題への関心が深まり、国際協力を将来の仕事にしたいと考えるようになった。卒業論文では内発的発展を取りあげ、「内発的発展における外部者の役割とは何なのだろうか？」という問いを考えていたが、この答えは今でも分からない。また、この頃は貧困問題を何とかしたいと思っていたが、ジェンダー平等と国際協力は結びついていなかった。

女性差別だらけの公務員生活

社会人の第一歩は、東京都の職員として始まった。職員採用試験で男女平等について作文を書くという課題があったが、公務員生活は男女平等からは程遠かった。当時、東京都の行政事務の職員採用はⅠ類（大卒・大学院卒）、Ⅱ類（大卒）、Ⅲ類（短大卒・高卒）と別れており、私はⅠ類で採用されたが、大半はⅢ類での採用だった。水道局に配属され23区内にある支所に勤務となった。支所全体で100人ほどの職員がおり、70％程度が事務職員、30％程度が技術系の職員だった。50代の女性が2名、30代の女性が1名、20代の女性が3名のところに、私と同期の女性2名を合わせて3名が加わり、女性は9名となった。支所全体でⅠ類の職員は技術系に1名、事務職員に4～5名だけで、2～3名のⅡ類の職員がいたものの、その他はⅢ類の職員だった。同期の女性2人はⅢ類、1年前に入職した女性2人もⅢ類なので〝先輩〟で年下であった。日々の業務を円滑に進めるためには同僚と良好な関係を保つことが必須であるが、そのためにはⅢ類の女性職員と一緒に女子役割を実践せざるをえなくなる。すると、Ⅰ類の男性先輩職員からは、将来幹部候補として振る舞うように諭された。男女雇用機会均等法が施行されて8年が過ぎていたが、当時多くの一般企業で、一握りの総合職の女性と大多数の一般職の女性の間に壁があったように、公務員でもⅠ類とⅢ類の壁があったと思う。

この100人ほどの支所の中で、私が配属された係には10人の職員がおり、私は初の女性職員となった。なぜなら、その係では水道料金の支払いが滞る住民への対応が主な業務であったが、水道サービスを止められた住民が暴力的行動に出ることもあるため、これまで「女性には無理」とされてきたからである。しかし、新入職員全体に占める女性の割合が増えてきたことから、この係にも女性が配属されることとなった。危ない目に遭うのは男性も同様だという主張もあるが、暴力的行動を取る人は、相手がより脆弱だと思うと暴力を使うため、女性の方が被害に遭いやすい。水道局の他の支所に配属された同期の女性職員のうち数名は、同様に料金徴収の係に配属された。私を含め都心の繁華街に近い支所に配属されていた同期同士で会うと、暴力的な住民対応で危険な目にあった話をよくしていた。また、私が電話を取ると、女性の声を聞いただけで「男性に替われ」と怒鳴りつける住民が男女関わらずいた。このような人たちは、女性＝受付係だと思っているのだろう。「私が担当者です」と言っても、「女と話しても仕方ない」と引き下がらない住民もいた。毎日、住民からの電話への対応、窓口での対応を繰り返し、その大半は苦情への処理だったが、住民の話をよく聞くという訓練になった。この際に鍛えられた住民の話を聞く能力は、その後、国際協力の現場での仕事で大いに役立つことになった。

2年目に、隣の係に異動になり、同期の女性職員2人、先輩の女性職員1名とともに女性職員が4名となった。当初、毎朝、女性職員だけが「お茶くみ」をしていた。職員各自の湯呑を集め、お茶を入れて、ひとりひとりの机に置いていく。このようなことが当然のように行われていた。新しい係は15人程度の職員が所属していたが、これだけの人数の湯呑にお茶を入れて運ぶのは、結構な重労働で、湯呑を割ってしまう心配もあった。もちろん、湯呑を集めて洗うことも「お茶くみ」の一部だった。しかし、女性が4人になり、この「お茶くみ」を、係長を含め全員で順番に行うように変えた。現在ではこのような「お茶くみ」が行われる職場は少ないだろう。各自、好きなときに自分でお茶をいれればいいという当たり前のことが、当時は暗黙の了解で女性の役割となっていた。大きな混乱も反発もなく全員順番制に移行できた理由は、記憶は薄れているが、女性が4人と部署内の30%を占めていたこと、私達4人が他の職員と良好な関係を保っていたこと、労働組合活動に熱心な男性職員に相談したことが挙げられると思う。またお茶くみ当番の机の上に「おちゃっぴー」と名付けたぬいぐるみを置き、次の人に回していった。この「おちゃっぴー」のおかげで、誰がお茶くみ当番なのか可視化できたため、他の人が指摘することなく当番の人が役割を遂行できたと思う。たかが「お茶くみ」だが、この女性役割を当番制に変えられたことは、女性職員にとっては大きな成果だった。

当時、セクシュアル・ハラスメントという言葉はほとんど使われていなかったが、現在では間違いなく「セクハラ」と誰もが思うであろう言動は日常にあった。飲み会でのお酌、カラオケでのデュエット、職場旅行の宴会の接待など、当時は「良好な関係形成のためのコミュニケーション」と捉えられていたし、自分自身もあまり深刻に考えていなかった。職場の人たちとはよく飲みに行き、休日にもバーベキューやテニスと遊びに出かけていた。少し年上の先輩職員からも、50、60代の職員からも可愛がられていた。この可愛がられるとは一体何なのか、当時は深く考えたこともなかったが、ジェンダーを研究している今の自分が当時の自分を分析するとどう言えるのだろうか。若い女性であるという立場を利用して良好な人間関係を築き、仕事を上手くこなす戦略だったのだろうか。困ったことがあっても周囲の先輩職員が助けてくれていた。若くなかったら、女性でなかったら、同様に良い人間関係を築けないのかは分からないが、「若い女性」は特別扱いだった。

仕事に慣れた頃から、大学4年次に卒業論文の調査でお世話になった国際協力NGOでボランティアを始めた。支援先のバングラデシュの女性たちが作った手工芸品を日本で販売したり、新しい商品を提案したりした。当時、バングラデシュの女性たち、特に村落部の女性たちが現金収入を得られる仕事は少ないので、彼女たちが村で手工芸品を作り、それを外部

写真1－1　NGOのスタディツアーで訪問したバングラデシュの農村

出所：筆者撮影。

者が買うことで女性の支援になると説明されていた。また、多くの村落部の女性たちは基礎教育を充分に受けていないので、何か新しいスキルを学んだり、読み書きをしたりは難しいとも聞いていた。国際協力のイベントで手工芸品の販売のお手伝いをしながら、このような説明をしていた。次第に自分も現地に見に行きたいと思うようになり、このＮＧＯ主催のツアーに参加し、バングラデシュの村の女性たちの暮らしや手工芸品製作の現場を訪問する機会を得た。メディアや書籍の情報から、バングラデシュの女性は虐げられているという先入観を持っていたので、現地で出会った女性たちが生き生きと手工芸品を製作し、他の女性たちと楽しそうにおしゃべりしている姿に驚いた。自分が製作した手工芸品で収入を得るようになったことで、自分に自信が持てるようになったという話を女性たちから聞いた。また、現地で青年海外協力隊として手工芸のスキルを女性たちに教える女性たちの活動を見て、自分にできる編み物や刺繍が役に立つという実感を得た。当時は青年海外協力隊に関心はあったものの、看護師や農業、自動車整備等の技術が必要だと思っていたので、自分が得意な家庭科の技術を活かせることに気づき、国際協力を仕事にする道が見えたように思った。

1995年1月、阪神大震災が発生し、当日の夕方から水道局の技術系の職員が現地の支援に赴いた。しばらくすると、事務系職員の兵庫県庁への2年間の出向の募集があった。当時、青年海外協力隊に応募していたが、他の機会に再挑戦すればいいと思い県庁への出向に応募した。その後、上司に呼ばれ「男性で希望した人がいたから、君は行かなくていいよ」と告げられた。それ以上の説明はなかった。例えば、その男性職員の職員歴が長いとか、何か特殊なスキルがあるとか、関西の出身だったとか、そのような理由があれば納得しただろう。なぜ、面接もせず、志望理由も聞かず、ただ男性の応募があったからという理由で自分に機会が与えられなかったのだろう。青年海外協力隊に応募した時点で合格したら辞めようと思っていたものの、この出来事は私の退職への決意を大きく後押しした。

青年海外協力隊に合格し、上司に3月末で退職すると告げた。退職を申し出た際、上司は寿退職だと思ったと言う。当時、職員の定年以外の退職は珍しく、結婚して配偶者の仕事の都合で退職する女性くらいだった。寿退職ではなく、女性が自分のやりたいことを追求して仕事を辞めること、安定した公務員の仕事を辞めることは珍しかった。技術職のI類の女性先輩職員から、「I類で入った女性が活躍できる組織ではありません。辞めるという決断に、こちらがスカッとしました。頑張って」という手紙をもらった。東京都庁で、職員からも住民からも無意識のジェンダーバイアスに溢れた対応を受けた経験のおかげで、ジェンダー平等に関心を持つようになった。

2. 青年海外協力隊での気付き

開発ワーカーへの第1歩

1995年、青年海外協力隊に参加し、西アフリカのニジェールに手工芸という職種で赴任することとなった。青年海外協力隊（現在はJICA海外協力隊）とは、日本のODA予算でJICAが実施する国際協力事業の1つで、1965年以来、93カ国、46,640名がアジア、アフリカ、中東、大洋州、北米中南米、欧州へ派遣されている（2023年3月31日時点：JICAのHPより）。私が参加した1995年当時は、もう少しで派遣累計が2万人に達しますと言われていたので、25年の間に着実に派遣実績を伸ばしていることが分かる。

当時は1年に3回の派遣があり、国内2カ所の訓練所で2ヶ月半の派遣前訓練が行われていた。私は長野県駒ヶ根市にある訓練所で9月初めから11月下旬まで、130人の隊員候補生と過ごした。男性75名、女性55名と、まだ男性の参加者が多かった。ここで一緒にニジェールに行くことになる男性3名、女性1名と出会い、また同じ西アフリカフランス語圏（セネガル、コートジボワール、チュニジア）に行く9名とも出会い、過酷なフランス語訓練を一緒に受けていた。ニジェール派遣予定の男性2名と、コートジボワール派遣予定の男性1名と私という4人のクラスで、先生はマダガスカル出身の女性だった。私にとって初めて身近に接するアフリカンとなった先生は、英語とフランス語の両方の語学を教える資格を持ち、日本語も話せた。男性3人と私1人というクラスで、先生が女性であったことは心強かった。訓練所では派遣国の言語の訓練が主に行われ、その他にも地元の農家や施設でのボランティアや、国際協力事業の講義を受講していた。また派遣地域により様々な予防接種を訓練期間に接種するのだが、西アフリカ地域は他地域に比べて格段に必要な予防接種の数が多く、週に1回、両腕に肝炎や破傷風、狂犬病、黄熱病などの予防接種をしていた。

派遣候補生130名の大半は未婚の20代~30代前半で、2ヶ月半もの間、同じ訓練所で外部との関わりが限られる環境で共同作業をしていると、交際するカップルも発生する。訓練後は各自の派遣国に旅立つため、その後2年間は会えなくなるが、それでも交際を始める人たちもいた。当時は携帯電話もインターネットもなかったので、連絡手段は雑音の多い国際電話と、届かないかもしれない国際郵便だけであった。日本と途上国の間の連絡も難しいが、途上国から途上国への連絡はさらに難しかった。男性6割、女性4割という訓練所の環境だったが、性別役割分業を実践していると感じられることは少なかった。ほとんどの隊員候補生が、自分がリーダーをやりますと率先して行動するタイプであり、男性も女性も料理に長けていたり、DIYやアウトドア技術を持ち合わせていたりと、途上国に行っても動じないような人たちの集まりだった。男性に依存するような女性がいたようには思えないが、女性に世話役を求める男性はいたと思う。

1995年は北京で第4回世界女性会議（北京会議）が開催された年で、「女性のエンパワーメント」「ジェンダー主流化」という言葉が多用される契機になった。私は手工芸という職種での派遣で、当時は手工芸、婦人子供服、家政、栄養士などの職種の隊員を「WID隊員」と呼んでいた。WIDとはWomen in Developmentの略で、女性を開発の受益者だけでなく主体として捉えようという考え方である（詳細は後述）。協力隊訓練所にいる間に、日本経済新聞の取材を受け、「若者はいま」という連載記事の中で私の協力隊参加への経緯が掲載された。その一部を抜粋する。「ニジェール入は来年1月。専門学校などで現地の女性たちに手芸を教え、現金収入を得る方法を指導する予定だ。既に帰国後も『NGOか政府機関で途上国の女性を援助する仕事にかかわる』と決めている。そのためにはもっと専門の知識が必要で、海外の大学で学びたい。夢はまだ道半ばだ」（日本経済新聞、1995年11月24日）。この頃には明確に、女性を支援したいと考えていたことが分かる。

砂漠の国ニジェール

12月上旬に日本を出発し、フランスでの1ヶ月半の語学研修を経て1月26日夜にニジェールに到着した。翌日、当面必要なものを買いに、先輩隊員2人が新隊員5人を市場に連れて行ってくれた。お昼すぎ頃に買い物が終わり2台のタクシーに別れて乗り込んだところで、突然、パンパーンと音がして大勢の人が建物から出てきた。運転手に聞くと、「ポリスが遊んでいるんだろう」と笑っていたが、パンパーンに続き、ドーンという下から突き上げるような大きな音と衝撃がして、周囲の人々が一斉に同じ方向に走り出した。運転手を見ると真顔になっており、スピードを出して走り出した。協力隊の事務所へ向かう道を告げると、その道は危ないから行かれないと言われた。市場は首都ニアメの中心にあったのだが、大通りに出ると戦車で塞がれており銃を手にした軍服の人が、通れないと合図していた。次々に道路が封鎖され、走れる道を走った。携帯電話も当時はなかったので連絡もとれず、もう一台のタクシーは別の方向へ行ってしまったが、幸い、先輩隊員2人が2台に分かれて乗っていた。

タクシーに乗っていたのが10分だったか30分だったのか分からないが、車内で自分の体の力が抜けていったのを覚えている。車の中から人々が走って逃げている様子、道路沿いに軍人が並んでいる様子を見ながら、半分泣いていたと思う。一緒に行動していた同期の男性隊員から「女はすぐ泣く。こんなときに泣いていても何も解決しない」と散々怒られた。その間も銃声と砲声は続いていた。先輩隊員が臨機応変に対応したおかげで、市内に住むＪＩＣＡ専門家の自宅へ避難することができた。専門家の家で協力隊事務所の所長や所員宅の無線とつながったが、所長宅のすぐ近くにある大統領官邸が砲撃されていたので、無線越しに砲声が聞こえてきた。結局、３時間の銃撃戦で大統領、首相が拘束され、簡単に軍部によるクーデターが成功した。夜には国営テレビに戦車の映像と軍歌が流れ、クーデターの首謀者が何か喋っていた。私の拙いフランス語力ではまったく内容は分からなかったが、語学力もないのに海外で仕事をするのは無謀だと実感した。クーデター後は何事もなく穏やかだった。職場も見ないままに他の国に振替派遣になるのかと心配していたが、退避することもなく活動を開始できた。

ニジェールへの協力隊派遣は１９８４年に始まり、現在まで６８４名が活動を終了している。私が活動していた１９９６年12月末時点では36名（女性17名）が活動していた。当時のニジェール事務所の資料によれば、ニジェールではＷＩＤ隊員を派遣し女性対象の活動を展開していると説明がある。実際、婦人子供服、手工芸、家政、栄養士の女性隊員が、時期により異なるが、6~8人程度活動していた。その後、隊員活動の拡大によりニジェール隊員は増えたが、残念ながら治安の悪化により2011年に派遣中の隊員が全員撤退し、以降、新たな隊員は派遣されていない。

ニジェールは西アフリカの内陸部に位置し、日本の3・4倍の国土の大半はサハラ砂漠である。雨季に雨が降るものの、年間を通して雨量は少なく干ばつの影響を受ける年もある。ウラン開発が進められてきたが、他には主だった産業はない。多くのアフリカ諸国が宗主国から独立した1960年に、ニジェールもフランスから独立した。1996年赴任時の資料では、ニジェールの人口は約820万人、平均寿命が男性44歳、女性48歳、成人非識字率が男性72%、女性83%であった。UNDPの人間開発報告書の人間開発指数ランキングで、ニジェールは1997年に174カ国中最下位となっていた。私は首都ニアメに暮らしたが、それでも停電は頻繁にあり、水道が止まることもあった。舗装されている道路はわずかで、舗装されていても穴だらけだったり、砂に埋もれていたりした。

女子教育と収入向上スキル

私の勤務先は通信・文化・青年・スポーツ省が管轄する国立青少年スポーツ学院（以下、青

写真1－2　ニジェール：生徒の家庭を訪問

出所：筆者撮影。

少年学院）の家政学部で、高校を卒業した18歳～20代前半の女性を対象に、編み物や刺繍といった手工芸の授業を担当した。家政学部の学生は他にも洋裁、料理、栄養、保健衛生、育児、家計管理、語学、教育学、心理学の座学や実習の授業があり、卒業後は公務員や家庭科の教員、地域の女性リーダーとなることが期待されていた。青少年学院には他に体育教育学部と青少年学部があり、こちらは男性が学んでおり、3学部とも各分野の指導者養成を目的としていた。どの学部も4年間で120単位の取得が義務付けられ、隣接する国立ニアメ大学の教員が教える科目もあった。ニジェールにはイスラム大学を除いては国立ニアメ大学しかなく、青少年学院はニアメ大学に次ぐ高等教育機関であった。4年制の学校だが、赴任当初、家政学部には3年生12人、4年生12人のみで、資金不足から2年連続で新入生を受け入れられず1、2年生はいなかった。全国から優秀な学生が奨学金を得て入学し、構内にある学生寮で生活していた。1996年当時の女子の高等学校就学率は4％だったので（2017年は21％：World bank）、私が担当した生徒たちはニジェールの未来を担う貴重な高学歴女性だった。青少年学院家政学部には付属の女性センター（現地ではFoyerと呼ばれる）があり、15歳から30歳くらいまでの女性が、教育歴や婚姻状況に関わらず、洋裁、手工芸、料理、保健衛生の知識と技術を学んでいた。女性センターは2年制で学費は生徒が払っていた。学費を払い、材料費を買え、毎日午前中に学校に通ってこられる生徒たちは、ある程度裕福な家庭の女性だった。通常、この年齢の女性は未婚でも家事を手伝い、また既婚女性が毎日学校に通うことは夫や義父母が同意しない。

ニアメ市内には女性省が管轄する女性センターや、公衆衛生省が管轄する母子保護センターにも女性センターが併設されていた。前者は年間の授業料が15，000CFA（CFAは西アフリカ共通の通貨で当時、100CFAがフランスの通貨1フランに連動していた）であるが、後者は3，000CFAから5，000CFA程度で、経済力の低い家の女性のために設置されていた。女性センターは西アフリカのフランス語圏に共通して見られる。教会のイニシアティブによって1962年にセネガルのカオラックに作られ、その後、セネガルのティエス、コートジボワールのブアケ、ブルキナファソのボボヂュラッソに作られた。ニジェール初の女性センターは、1967年にニアメにフランスの教会系の組織によって作られた。私が活動していた1996年には、既に地方にも女性センターがあり、家政や手工芸の隊員が派遣されていた。女性センターにはディレクトリスと呼ばれるセンター長の下、アニマトリスと呼ばれる教員とモニトリスと呼ばれる指導員がいて、アニマトリスは青少年学院家政学部の卒業資格保持者、モニトリスは女性省管轄の女性センター卒業資格保持者が就いていた。センター長は女性センターの運営や資金／用具の管理、教員は洋裁や料理などの実技と育児／栄養などの座学の授業を行う一方、指導員は実技の指導のみを行う。センター長や教員は女性省やスポーツ省の公務員で、教員が足りないところではセンターごとに指導員を雇っていた。女性センターは3年制で卒業時に女性省の統一試験を受け、合格すると卒業資格が与えられた。この資格があると仕立て屋に有利に就職でき、資金があれば私立の女性センターを自分で開くこともできた。女性省が定めたカリキュラムでは科目ごとに時間数や内容も定められている。授業内容は洋裁（主に子ども服）、刺繍（ベッドカバーやテーブルマット）、棒針編み／かぎ針編み（赤ちゃん用のカーディガン、パンツ、帽子、靴下のセット）、料理、栄養、家計管理（家計、貯蓄、主婦の役割）、保健衛生（安全な飲料水、寄生虫、下痢、マラリア、火傷等の対処、薬の扱い）、育児（月経、妊娠、家族計画、性病、出産準備、乳児の世話）が主なものである。女性が結婚し、妻となり母となる際に必要な知識とスキルを教える「良妻賢母」育成の施設であり、既存の性別役割分業の固定化につながるという批判もできるだろう。しかし、女子の初等教育就学率が当時は極めて低く21％であったが、女性センターは学校教育を受けていない生徒も受け入れており、女性が生活するための必要なスキルを学ぶ貴重な場として活用されていた。青少年学院の授業も同様であったが、実技よりは講義に重点が置かれていた。私が青少年学院で見学した授業では、女性リーダーとして医療従事者のいない場所で出産に立ち会った場合の対処法として、へその緒の切り方まで人形を使って実施していた。女子教育が進まない状況で、高校を卒業している青少年学院の女子生徒たちには、高学歴女性のロールモデルとして様々なことが期待されていた。生徒たちが女性センターで学ぶ理由は、単に刺繍や編み物や洋裁が出来るようになりたい、自分や家族や友人に作ってあげたいというもので、製品を売って現金を得たいという目的ではなかった。比較的裕福な家の女性が通うセンターであったためかもしれない。地方の女性センターで活動する隊員の話や、ニアメ市内の他の女性センターを訪問して聞いた話からは、女性センター生徒の年齢は20代～30代、既婚者が多く、スキルを学んで製品を作って売りたいという目的で通う女性が多かった。女性センターの生徒の中には学校教育をまったく受けておらず、文字が読めない女性もいた。鉛筆を持つこと自体に慣れていない生徒もいた。刺繍

写真1－3　ニジェール：生徒に手芸を教える

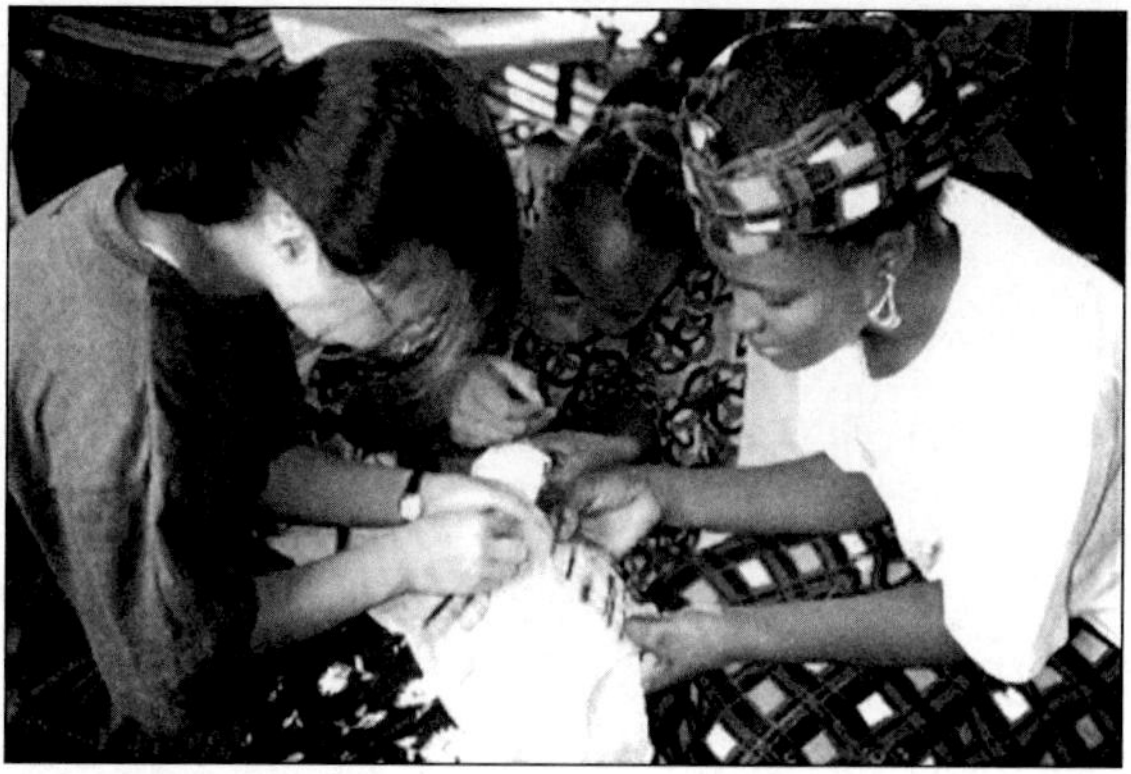

出所：筆者撮影。

のデザインを布地の下に置き、窓ガラスを利用して布地にデザインを写すのだが、鉛筆が上手く使えず、ただデザインの線をなぞることすら難しかった。また、文字は読めても編み図を理解できていなかった。私はテキストがあれば、今後、協力隊員がいなくてもニジェール人の教員が教えることが出来るし、卒業生も学んだスキルを忘れないだろうと思い、編み目記号を覚えさせ、編み図を見せながら説明していた。しかし、編み図はほとんど見ようとせず、私が作成した棒針編みのセーターや、かぎ針編みのドイリーの現物を見ながら作品を完成させていた。さらに不思議なことに、一度作品を完成させると同じものは何も見ずに繰り返し作成していた。生徒はフランス語を話せるがメモを書き留めない。主に2種類ある現地語はもともと無文字であり、書き残すという伝達方法をとらないのかもしれない。字が読めない生徒でも、説明したことを覚える能力がとても高かった。途上国の教育状況を示す指標として、識字率が用いられるが、字の読み書き能力では測れない能力もあると思う。

女性の暮らし

ニジェールには「女性とロバには生まれたくない」という表現がある。どちらも重労働を課されるが地位が低いからである。ニジェールではロバは運搬に使われるが、子どもが扱える大きさのため、子どもにも酷使されている。女性は家事・育児、農作業と働き詰めであるが、男性と比べて地位が低く、男性に従うことが当然とされていた。女性センターで教えた生徒の中には、2年間の過程を終える前に結婚のために女性センターを辞めてしまう生徒もいた。18歳前後での結婚は遅いほうだった。結婚相手が10歳、20歳も年上であることは普通で、相手には既に第一夫人がいることも珍しくなかった。生徒の1人が高齢の男性の第三夫人として結婚することになり、女性センターを辞めていった。本人は結婚を嫌がっていたが、父親の決めたことに従っていた。女性センターで編み物や洋裁の技術を習得しても、結婚後の夫の対応次第では、技術を活かす場はなかった。結婚以外の理由で、女性センターを途中

写真1－4　ニジェール：村の様子

出所：筆者撮影。

で辞めてしまう生徒もいた。熱心に通っていた生徒の欠席が続いたので他の生徒と一緒に家庭訪問をしたところ、その生徒は村の出身で、首都に住む親戚の家に住みながら家事を手伝い、女性センターに通っていた。しかし家事手伝いがおろそかになっていると、親戚の叔母が女性センターを辞めさせてしまっていた。

村落部の女性たちの地位も低かった。ニアメから北に約40km、車で1時間ほどニジェール川上流にある地域で、複数の協力隊員による「緑の推進協力プロジェクト」が実施されていた。野菜、果樹、植林、村落開発普及などの職種の隊員が活動していた。村の女性に改良かまどの作り方を教えていた村落開発普及の隊員からの依頼で、週末を利用して1泊

写真１－５　ニジェール：村の女性に編み物を教える

出所：筆者撮影。

２日で村の女性たちに編み物を教えに行くようになった。７人の女性たちは、いずれも改良かまど普及を担う女性たちだった。女性センターでも人気がある編み物は、赤ちゃん用のセット（帽子、カーディガン、パンツ、靴下）で、贈答品にも使われている。棒針編みで表編と裏編だけのシンプルな帽子から作り始めたが、習得には時間がかかった。それでも帽子を仕上げると、これが自信になったのか、カーディガンに入ると仕事が早くなり、編むことにも慣れて編み目が整ってきた。習得の早い女性にパンツと靴下の作り方を教えたところ、彼女が他のメンバーに教え、無事に赤ちゃんセットを作り上げていた。5週間のセミナー終了後も、女性たちは他の村人に頼まれて作ったという。初心者で基礎教育もない村の女性たちが、棒針編みで赤ちゃんセットを作ることは無理だろうと思っていたが、女性たちは熱心に取り組み編み方を習得した。フランス語が通じないので、片言の現地語と、あとは実践して見せるという方法で教えたが、基礎教育の有無と技術の習得はあまり関係ないのかもしれないと思った。

配属先の女子生徒だけでなく、生徒の家族や村の女性たちなど様々な人々と接していくうちに、「なぜ、結婚していないの？」「どうして子供がいないの？」と聞かれることが多くなった。ある時、生徒の家族の女性に「なぜ、学校に通わなかったのか。大人になって字が読めないのは大問題だ」ということを言ったときに、彼女からこの質問をされた。私にとっては大人が字の読み書きができないことが大問題だったが、彼女から見れば当時25歳の私が結婚せず子供もいないことは大問題だったのだろう。当時のニジェールでは、25歳であれば子供が3人いてもおかしくない。子供を産むことが最も大事な女性の役割で、それが当然のことと考えられている環境で生きている人々にとって、子供がいない女性は可哀そうな存在で、何か健康上問題があると思われていたのかもしれない。

外部者の役割とは

初めて国際協力の現場に携わり、外部者の役割とは何か考えていた。私の配属先には私と同期の洋裁を教える婦人子供服の隊員が活動していたが、前任を含め何年もの間、複数の隊員が活動し生徒に直接教える体制であった。隊員活動2年目に、青少年学院に新入生が入学してきた。3年連続で資金不足により新入生を迎えられないと思われていたため、政府関係者など200人を招待し、展示会をして家政学部をアピールし寄付を募ろうという計画があった。しかしドイツのNGOが15人分の奨学金を寄付してきたため、展示会の計画も中止された。自分たちで解決しようとしていたときに、あっけなく外部者からの寄付で解決されてしまった。この15人の奨学金の枠にニジェール全土から124人の応募があった。私費での入学を希望した4名を加え、19人の新入生を迎えたが、その内9人は既にフランスの大学入学資格を持っているほど優秀だった。

青少年学院の隣りにある国立ニアメ大学でも、学生は奨学金を得て入学している。しかし何ヶ月も奨学金が支払われず、生活できなくなり奨学金を求めてデモを繰り返していた。教職員や省の職員など公務員に対する給与も何ヶ月も支払われず、一斉にストライキを行い市中でデモを行うことが度々あった。デモ隊と警察・軍部が衝突することも珍しくなく、私もニジェール川にかかる橋の上での衝突に遭遇し、職場から自宅に帰宅できなくなり、船で渡って帰宅したこともあった。学校の資金不足は協力隊活動に影響を与えていた。机や椅子、ミシンなどは充分にあったが、生地や糸など材料を購入する資金がなかった。協力隊事務所側は、消耗品は相手国政府が支出するものとしていたが、学校側は協力隊員が何とかしてくれると期待していた。双方とも資金を調達できないと、せっかく入学した生徒たちは材料がなく実技を学ぶ機会を失ってしまう。結局、協力隊員が自分で捻出したり、隊員の活動準備用に支出できる隊員支援経費で材料を購入したりすることになる。代々、隊員を受け入れていた配属先は、このような事情も分かっていたように思う。

他国の援助機関が実施するプロジェクトでは、援助機関が材料費だけでなく人件費も提供していた。ヨーロッパ連合が実施していた職業訓練教育プロジェクトでは、学校など既存の施設を借りて、相手に賃借料を支払い、現地の教員を雇い、参加者は無料で訓練に参加していた。参加者は熱心に学び技術を習得し、講習を終えると他の地域でのプロジェクトの講師として雇われていた。これに対し、日本の場合は相手国政府が相応の負担をするように促し、日本人がカウンターパートと一緒に協働することによって技術を移転しようとする。そのためプロジェクトのために人を雇うのではなく、公務員がカウンターパートとなることが多い。しかし多くの公務員にとって、何か新しい技術を学んだり、新しい活動を始めたりすることは余計な仕事となるため、別途手当が出ないのであれば動こうとしない。その上、ニジェールでは公務員の給与未払いが続いていたので、残念ながら私の配属先の同僚は熱心に働いてはいなかった。

女性の地位向上に関わる

隊員活動中は5回の隊員報告書を提出する。その他、家族や友人に宛ててニュースレターを作成していた。これらの記録が残っているので、以下、隊員活動が1年過ぎた時点（1997年2月）での記録から抜粋する。

私は女性の生活を改善することに関わりたいと思っています。「改善」というのだから、今の状態を良くないと思っているわけです。それではどんな状態を良くないと思い、どういう状態を目指そうというのでしょうか。女性の識字率の低さ、就学率の低さ、就業率の低さなどは数字で見ることのできる良くない状態です。ニジェールでは男性の識字率、就学率、就業率も低いのですが、女性の方がはるかに低くなっています。女性は子供の頃から家事／育児の重要な担い手です。重労働にも関わらず、家事労働には労働価値が認められません。農村であれば、これに農作業が加わります。家庭での労働力となるので学校に行かなくなります。勉強についていけなくなる、学校が遠いなどの理由も加わります。では、なぜ、教育を受けていないことが良くない状態なのでしょう。私は自分にとって良くないと思う状態を少しでも良くしていく力を自分に付けることが必要だと思います。今、彼女たちにその力がないとしても、それは能力がないのではなく力を得るための機会、トレーニングの場がなかったからだと思います。読み書き能力、計算力、コミュニケーション力などいろいろな力があります。教育はそれらを訓練するための機会だと思います。この機会を作ることや、機会を得ることを困難にしている障害を取り除いていくことに関して、外部者である自分が何か協力できないかなあと思っています。

それではどんな状態を目指すのでしょうか。読み書きができるようになり、学校に行きたければ行けるようになり、就職することが出来るようになったとして、それで問題ないのでしょうか。女性が外で働いたとして家事はどうなるのでしょうか。私の活動先はすべて女性に関わるところです。生徒の中には既婚者もいるし、子どものいる生徒もいます。活動先以外に教えに行っている「ニジェール女性連合」という民間団体がありますが、職員はディレクターを始め、ニジェール人の女性です。彼女たちは結婚していたり、子どもがいたり、離婚していたりと状況は様々です。勉強と家庭とか、仕事と家庭の両立という言葉がないほど、当たり前に両方しています。既婚の生徒はお昼の準備のために早めに帰り、家で作業の続きをしてこないこともありますが、それは当たり前です。最初は、言い訳が多いと思ったのですが、違う状況にある人を一列に並べるほうがおかしいと思うようになりました。「女性が外で働いたら家事はどうするのか」と私が思うこと自体、私も「女性が家事をする」と刷り込まれているようです。「女性の地位向上を目指した活動をする」と思っているのに、私の中にどのような状況を目指すのかという理想像がないように思います。女性ばかりを見ていて、男性との関係、社会と女性の関わりをよく見ていなかったように思います。男性や社会との関係も含めて、どのような女性のあり方を目指すのか、自分が分かっていないようです。今月から新しい活動先として助産施設の中にある女性センターで教え始めました。妊婦健診、出産、乳児検診、栄養改善指導を行う施設です。素人が見ても栄養失調と分かる乳児がたくさんいて、女性たちの様子は私の配属先の女性センターに来る生徒たちとは随分違います。乳幼児を見ていると、みんな毛糸の帽子、カーディガン、パンツ、帽子のセットを着ています。これが、生徒たちが編み物を習いたい理由です。乳児を持つお母さんの現状を観察してみようと思います。何が問題で、どんな状態を目指すのか、外部者として私に何が出来るのか、まだまだ考えることはたくさんあるようです。（1997年2月　ニュースレターより）

これを書いた当時は、開発学もジェンダー視点で開発を見ることも何も知らなかった。ただ協力隊活動を通して現場で見たことから、自分が考えたことを綴っている。この文章を今

写真1－6　ニジェール：日本から両親が訪問

出所：著者撮影。

振り返って読むと、「良くないと思う状態を少しでも良くしていく力を自分に付けること」とは、まさに「エンパワーメント」であり、「男性との関係、社会と女性の関わりをよく見ていなかった」という気づきは、ＷＩＤアプローチの問題点と同じである。また、外部者としての開発ワーカーには何ができるのか、現場で悩んでいたことも分かる。

2年間の任期が終わる少し前に、私の両親がニジェールを訪問した。私の配属先の同僚や生徒たちが大歓迎してくれ、何人かの生徒の家庭を訪問する機会もあった。配属先の仕事の内容や生徒たちの暮らしぶりを両親に説明しながら、女子生徒たちが洋裁や編み物のスキルを習得し、製品を販売して収入を得たり、製品を家族や友人にあげたりすることで、自分自身に自信をつけ、より良い生活を目指していけることを自分がよく理解できていると感じた。このように、青年海外協力隊として初めて国際協力の現場で2年間活動し、ジェンダー平等と国際協力を考える原点となる経験を積むことができた。

3．国連ボランティアでの気付き

在留日本人1人の暮らし

２０００年1月から、国連ボランティアとして南部アフリカのレソトへ赴任した。国連ボランティアとは、国連ボランティア計画（ＵＮＶ）という国連開発計画（ＵＮＤＰ）の下部組織が派遣するボランティアで、ボランティアリズムを通じて世界の平和と開発を目指す活動をする。職種は多岐にわたり、任期も6ヶ月程度から2年間と様々で、途上国にある国連機関や政府機関に派遣される。ＵＮＶの平均年齢は38歳で、各自の専門分野で10年程度の実務経験のあるエキスパートである。1年に約9、０００人が派遣されるが、その80％は途上国出身者である。ＵＮＶの活動は、他の国連機関同様に各国からの拠出金で担われているが、ＵＮＶに対しては日本が最大の支援国である。私は青年海外協力隊の経験者枠で参加した。これはＵＮＶ派遣に関わる費用を日本政府が支出することで日本人にＵＮＶの参加機会を確保する制度で、青年海外協力隊の経験者に限定されていた。

写真1－7　レソト：小学校で日本を紹介

出所：著者撮影。

レソトは四方を完全に南アフリカ共和国に囲まれている小さな山国で、標高は1、500メートルを超え平地はほとんどなく、国土面積は四国の1・6倍ほどである。2000年当時の人口は約200万人、90％がバソト人でソト語を話すが、英語も公用語として使われている。国民の多くはキリスト教を信仰し、日曜日の朝は礼拝に行く。1868年に英国保護領となり、1966年に独立した立憲君主制の王国で、現在でも国王がいる。隣国南アフリカに大きく依存しており、南アフリカの鉱山で移民労働者として働く人々の送金は、重要な収入源となっている。国内には米国など先進国向けの衣料品を作る工場があり、繊維産業は女性の就職先となっている。農業従事者は半数近いが、山国で耕作可能な土地は限られ、多くが小農で自家消費用に栽培する程度である。また畜産も盛んで、牛、ヒツジ、ヤギを放牧している風景がそこら中に見られた。この家畜の放牧は男性が行うのだが、成人男性は鉱山労働の仕事に就くため、放牧の仕事は男児に任されることも多く、男子が学校教育を中途で辞める原因にもなっていた。

私はレソトの真ん中に位置するタバチェカ県にある、タバチェカ職業訓練学校のテキスタイル部の家庭科教師として派遣された。タバチェカは標高が2、200メートルで、周囲をさらに高い山に囲まれていた。首都からは四輪駆動車であれば4時間位、一般の人々が利用する路線バスでは10時間程度かかった。冬はとても寒く雪が積もる。2000年当時は携帯電話の電波も届かず、雷が多く停電が頻発するため固定電話も繋がりづらく、電話回線を利用していたインターネットも繋がらないことが多かった。タバチェカでは物資が足りず、1～2ヶ月ごとに首都に出て食料品や日用品をまとめて買っていた。タバチェカ県は、世界銀行とカナダ開発庁の支援により1975年から1984年まで「タバチェカ総合村落開発プロジェクト」が実施され、開発が特に遅れている地域とみなされた山岳農村地域に新たに設置された県である。10年の間に、この小さな国に巨額の援助が投入された。ファーガソン（1990）は「The Anti-Politics Machine: "development," depoliticization, and bureaucratic power in Lesotho」の中で、このプロジェクトを批判している。このファーガソンの著書は開発学や文化人類学を学ぶと、読むべき書籍として推薦されており、私もイギリスの大学院の社会開発学の1回目の授業でこの本を読むように言われた。幸い、文化人類学を専攻している協力隊仲間から、レソトに赴任する前に薦められていたので現地に書籍を持参し読むことができた。私は当時プロジェクトで働く人々のために建設され、その後は公務員住宅となった家に住んでいた。

レソトに赴任が決まってから、レソトに駐在した経験のある人を探したが、10年前に日本人UNVがいたらしいということしか分からなかった。レソトには日本大使館はなく南アフリカの日本大使館が兼轄していた。JICA事務所もなく、協力隊も活動しておらず、日本の企業の駐在員もいなかった。ヨハネスブルグから飛行機で1時間であり、簡単に出張できるため駐在しなかったのだろう。レソトでの最初の1年間は、在留日本人は私1人だった。

職業訓練学校

山の中の小さな街で最も大きく現代的な建物が、私が勤務した職業訓練学校だった。高校を卒業した生徒が木工、金属加工、煉瓦工、自動車整備、テキスタイルの技術を学ぶ2年制の学校で、ほとんどの生徒が周辺の村落出身のため、学校に併設された寮で暮らしていた。テキスタイル部門は全員が女子学生、木工、金属加工にも1~2名の女子学生が在籍してい

写真1－8　レソト：職業訓練校の生徒たち

出所：著者撮影。

た。どの部門も1学年20人程度で、2～3名の教員がいた。テキスタイル部門の教員はレソト人の女性教員が3名いて、洋裁と編み物を教えていた。ニジェールの女性センターとは違い、手編みは面倒という理由で好まれず、編み機を使用していた。どの部門も機材は整っており、材料は学校の予算で購入しており、ニジェールのように資金不足という問題はなかった。

タバチェカの隣県に、レソト・ハイランド・ウォータープロジェクトにより建設されたカチェダムという大きなダムがある。レソト国内に電力を、南アフリカ共和国の首都近辺に水を供給している。このダム建設のために移転を強いられたり影響を受けたりした村があり、タバチェカ職業訓練学校は、その人々への補償の1つとして設立された。山岳部には雇用の機会はほとんどなく、人々は首都や南アフリカへ移民労働のため出ていく。この職業訓練学校でスキルを学んでも、そのスキルを活かして生計を立てることは容易ではない。首都近辺にはテキスタイルの工場がいくつもあり、若い女性の雇用の場になっていたが、村出身の生徒たちは自分の村から遠くには出て行きたがらなかった。一度、生徒をつれて首都近くのテキスタイル工場へスタディ・ツアーに出かけたが、分刻みで管理されたテキスタイル工場の働き方を見て、誰も就職したいと言い出さなかった。

辺鄙な山間の村落部から、高校まで卒業し、職業訓練学校で学んでスキルを習得した生徒たちが生活を安定させるためには、どうすればいいのか。首都まで出なくてもタバチェカの街で自分のお店を持ち、仕立てや編み物の注文を得ることはできるかもしれないが、充分な収入にはならない。レソトには南アフリカから工場製の安い衣服が輸入され、さらに中国製の安い製品もある。当時、レソト国内には約4、000人の中国人が住み、小さな街でも4～5軒の中国人が経営する商店があり、衣類や日用品など安い中国製品が販売されていた。また先進国からの援助による中古衣類が安価で売られていた。レソトではニジェールのようにアフリカンプリントの生地を買って仕立て屋で服を作るのではなく、既製服を着ている。安価な既製服が出回ると、仕立て屋に注文する機会はさらになくなる。洋裁の技術を習得した人の数少ない仕事の機会は、レソトの伝統的衣装であるセシュエシュエと呼ばれるワンピースと、学校の制服、カーテンやベッドカバーを縫ったり、編み機で制服のセーターを作ったりという程度だった。さらに、ミシンや編み機を購入する資金を調達することは難しい。首都近辺の縫製工場への就職以外では、職業訓練校で学んだテキスタイルの技術を活かして女性が経済的に自立することは難しかった。

村の女性とのモヘヤ草木染プロジェクト

タバチェカの街から車で1時間から2時間の範囲内には、山の斜面にへばりつくように小さな村が点在している。タバチェカ職業訓練学校の生徒の多くは、これらの村落出身であった。この村の中に、草を編んで美しいバスケットを作っている女性グループがあると聞いて訪問した。タバチェカよりさらに標高の高い村々で、女性たちが草を乾燥させ縫ったものを草木染めにし、様々な形のバスケットを作っていた。当時、周辺の村ではアメリカ平和部隊のボランティアが活動しており、彼らを通じて他のボランティアや首都にいる外国人に対してバスケットを販売していた。女性たちは赤、黄、オレンジ、茶、紫、緑と様々な色を出す草木の種類と部位、採集できる場所に関する素晴らしい知識を持っていた。別の村では、女性たちが紡ぎの技術を持っており、この地域の人たちが飼っているモヘアを産出する山羊の

写真1－9　レソト：村の女性グループ

出所：著者撮影。

毛を刈り、紡いで、糸を作るまでは出来ていた。前述のハイランドウォータープロジェクトで行われた職業訓練の1つとして、周辺の村の女性たちは紡ぎの道具とトレーニングを受けたことがあり、既に糸を作ることは出来ていた。モヘア山羊を飼っている人は多いが、毎年毛を刈る人は少なく、刈ったとしても原毛のまま南アフリカに輸出していた。この地域では山羊だけでなく羊や牛などの家畜を買う理由は、緊急に現金が必要になるときに備えて保持していることと、部族の伝統として家畜を多く所有することが地位を示すからであった。家畜を保持することが重要なので、その家畜の毛を刈る作業の必要性は低かった。

モヘアの原毛、紡ぎの技術、草木染めの技

術を村の女性達が持ち、さらに染料となる草木はタバチェカ付近に豊富にあった。既にある資源が有益に使用されていなかったので、これらを組み合わせた草木染製品を地域の特産品にし、女性たちの収入に繋げられないかと考えるようになった。乾燥させた草を染める技術で生地を染めたり、モヘアを染めたりすることも可能であり、染色したモヘアの糸で編み物製品を作ることもできる。草木染バスケットの女性グループから染色材料の草木を分けてもらい、草木の現地名や採取できる場所を教えてもらった。草木の写真をとり、現地名から英語名を特定し草木染材料のリストを作成した。また、自宅の台所で染色の実験を繰り返し、モヘアを染色したサンプルと木綿地を染色したサンプルを作成した。草木染めしたモヘアでマフラーや帽子などの編み物製品を作り、木綿生地を草木染めで絞り染めにしたサンプルを準備し、女性グループに見てもらい、関心がどのくらいあるか尋ねた。タバチェカ職業訓練校の近くにある公立小学校の校長先生が関心を持ち、一緒に村を訪問したり会合に参加したりするようになった。校長先生も村の女性達の貧困を改善するために何かしたいと考えていた。彼女は周囲の人々から尊敬されており、地域の情報にも詳しかったので、大切な協力者となった。何度か村を訪問し、女性たちの関心を探り、関心が強く、草木染めの材料、技術、モヘアを準備できる6つの村を対象に、女性の収入向上プロジェクトをUNVのコーディネーターに申請した。UNVのコーディネーターは首都のUNオフィスに勤務しており、

写真1－10　レソト：村で染色のトレーニング

出所：筆者撮影。

UNVの活動全般を管理している。UNVコーディネーターが企画案を複数の国連機関に提出し、断られ、修正を繰り返し、最終的に国連工業開発機構（UNIDO）から少額の資金を提供され、タバチェカ職業訓練学校も車両や人員を提供し、10ヶ月間のプロジェクトが開始された。

農繁期を過ぎた3月から4月にかけて、6つの村で3日間ずつ、草木染めと編み物の集中トレーニングを実施した。トレーニングは村の集会所や村長の家で行い、各村30人程度の参加者が熱心に取り組んだ。草木染めの技術はあったものの、女性たちは布地を染めたことがなかったので、鉄やミョウバンを媒染剤として入れ、色が変化する様子に驚き、自分で絞り染した布を広げて大喜びだった。モヘアも草木染で美しく染まり、簡単なかぎ針編みで子どもの帽子を編み上げると、喜んで子どもに被せていた。各村に泊まりながらトレーニングを実施したので、村の人々の暮らしぶりを朝から夜まで観察することができた。どの村も働き盛りの男性が少なく、男児が家畜の放牧に出て、女性と女児は農作業や料理、掃除に忙しくしていた。私は村長や女性グループの代表の家に泊めてもらった。私は部屋に1人で寝る方が過ごしやすかったが、どの村でも必ず他の女性が同じ部屋で付き添っていた。のどかな村の生活に危険を感じなかったが、女性が1人で過ごすことは危険であると何度も念を押された。

トレーニング後、毎月1回の会合をタバチェカの小学校の教室を借りて実施した。各村の代表者が2~3名泊りがけでタバチェカまで来るようになり、小学校が教室を宿泊用に提供してくれた。女性たちはトレーニング後に、自分たちの村で様々な草木の染色を試したそうで、新たな草木の情報をお互いに披露していた。月例会では編み物や染色で分からないことや、製品のアイデアを話し合ったりした。4月から5月にかけて、レソトではモヘア山羊の毛を刈り取る時期になり、糸紡ぎのトレーニングを実施した。材料のモヘア原毛は各自が持ち寄り、プロジェクトで購入した簡易な足踏みの糸紡ぎ機を提供し、紡ぎの技術を持つ村の女性グループメンバーが、他の村の女性グループに指導した。均等な太さに糸を紡ぐことは難しいが、女性たちは熱心に練習し、1ヶ月後のトレーニングでは3種類の太さに糸を紡ぐことが出来るようになった。その後も草木染め、編み物のトレーニングを続けていった。村の女性たちは、自分たちが飼っているモヘア山羊から毛を刈り取り、紡いで糸にし、村にある草木で染め、編み物で帽子、マフラー、セーターなどを作れることが分かり、活発に新しいアイデアを出すようになった。

プロジェクト開始から7ヶ月が過ぎ、タバチェカ職業訓練学校で展示会を開催した。タバチェカの役所の職員や周囲の小学校の教師、周辺の村で活動するアメリカ平和部隊のボランティア、UNVコーディネーターも首都から出席し、プロジェクトの内容と製品を披露した。村の女性グループは自分たちの製品を多くの人に見てもらい、褒められたことで励まされ、自信に繋がっていた。展示を見に来た人々も、自分たちの地域で製品を生み出せることに驚いていた。この展示会から3ヶ月後、私が離任する前の最後の会合で、村の女性グループから草木染モヘアの帽子とマフラーをプレゼントされた。女性たちが原毛を紡ぎ、草木で染めて編んだ製品だった。女性グループの代表が、「これまで毛糸でできた服は外国人が作るものだと思っていました。でも自分の飼っている山羊から毛糸の服を作れることが分かりました」と話してくれた。村に既にある資源と技術を活用し、他者から認められる製品を作れるようになったことが、女性たちの自信になり、次の活動に繋がる原動力になると感じた。

無意味な結婚と女性の地位

私がレソトに駐在した2000年1月から2002年1月までの間に、何度もお葬式に出席した。職業訓練学校の教職員の家族、自分が教えていた生徒など年齢性別関わらず、多くの人が亡くなっていった。当時、レソトのHIV感染率は南アフリカやボツワナと並んで30％を超えていた。レソトのお葬式は盛大で、派手な棺を使い多くの参列者にご馳走を振舞う習慣がある。働き手を亡くした世帯にとっては大きな経済的負担になっていた。お葬式で死因が明かされることはなかったが、エイズによる死亡であることは皆が分かっており、「あの病気」と呼ばれていた。前述のように、タバチェカ職業訓練学校は全寮制で、生徒は学校の敷地内にある寮で生活する。18歳から20歳くらいの男女が寮生活をしており、生徒同士で交際していても不思議ではない。しかし相手は生徒だけではなく、教職員の場合もあった。教職員もまた、山の中のタバチェカに単身赴任している場合もあり、その多くは既婚者で配偶者は国内外の別の場所に暮らしているが、タバチェカにもパートナーがいた。また、自分の配偶者以外のパートナーは1人とは限らず、同時に複数のパートナーがいることは珍しくなかった。同僚の教職員を観察していると、交際していることが誰にでも分かるほどで、配偶者以外のパートナーがいることに対して非難されることもなかった。このように複数のパートナーがいる状況で、誰かがHIVに感染すると、次々に広がっていく。村の女性たちの夫は首都や南アフリカへ移民労働に出て、1年に1回程度帰郷する。多くの場合、移民労働先に別のパートナーがいる。帰郷の際に、村に残っていた妻を感染させてしまい、妻に村でのパートナーが別にいると、そこからも感染が広がっていく。鉱山などに出稼ぎに出ていた夫が亡くなると、送金による収入が途絶えてしまい、村での生活はさらに厳しくなる。また、農作業と家事育児を担っていた妻が亡くなると、幼い子どもたちが残され、祖母に育てられる子どもや孤児になる子どもも多かった。

レソトは南アフリカ同様に性犯罪が多い。小学生くらいの子どもや、乳幼児までがレイプ被害に遭うこともあった。タバチェカはのどかな田舎だったが、同僚からは夕方以降の外出や、人通りのないところへは行かないように何度もアドバイスされていた。夕方以降の移動は短い距離でも同僚が車で送迎したり、歩いて家まで送ってくれたりしていた。夜に外出する機会はほとんどなかったが、それでも自分ひとりで好きに行動できないことは窮屈に感じられた。現地の女性だけでなく、外国人男性の同僚も夕方以降の外出は控えていた。首都はさらに危険で、どの家も警備員を雇っており、門の開閉は車の中からリモコンで行ったり、携帯電話で警備員を呼び、門の前で車が止まらずに入るタイミングで開けたりしていた。治安の悪さは男女双方に影響するが、女性は性犯罪の被害に遭う危険がより高く、行動を制限され不自由な思いをする。

村の女性グループの女性たちは、夫が長期不在で実質世帯主の役割を担っていた。送金が滞ることもあるため夫の送金だけには依存せず、自分で現金収入を得ようとしていた。自家消費用に穀物や野菜を栽培していたが、その土地は夫の所有であり、2000年当時、女性は土地の所有権を持てなかった（注3）。家畜も自分の息子や男性・男児を雇って放牧させているが、すべて夫の所有物であった。女性が時間と労力をかけて世話している農地も家畜も家屋も、夫が戻ってきて離婚されると女性には何も残らない。それでも結婚していない女性は低く見下され、さらに子どもがいない女性も肩身の狭い思いをする。村の女性グループと活動を始めた当初、グループの名簿を作った。女性たちのリストを見ていて、全員の名前がMaから始まることに驚いたところ、Maは母親を意味し、第一子が生まれるとその子どもの名前の前にMaを付けて改名することが分かった。つまり、子どもがいない女性は名前を見るだけで分かる。女性の価値は母親であることとみなされていた。

レソトで学んだこと

レソトでの2年間のUNV活動後、ある雑誌に執筆を依頼された。その際の文章から抜粋する。

最貧層の生活を改善するには、彼ら自身が生活技術や組合を運営したり交渉したりする能力を身につけることが必要ですが、同時に仕事として最貧層に関わっているはずの公務員の職業モラルや責任感が、少しずつでも良い方向に変わっていくことが必要だと感じました。そのために私のような外部者には何ができるのでしょうか。常に自問していますが答えはまだ分かりません。私がみた貧困層の人々に共通して見られたのは様々な場面で選択肢が少ないことです。彼らの選択肢が増えるように状況を整えること、彼らが選択肢を選べるような力をつけるための手伝いをすることが、当面私に出来ることのように思います。(「モヘヤ製品化プロジェクトへの挑戦」『地球市民のための情報誌　J－eyes』4号97－101頁、Jリサーチ出版より抜粋)

UNV活動中は、その後に大学院への進学を考え準備を進めていた。そのため開発学関連の書籍、特にジェンダーと開発に関する書籍を持参していた。辺鄙な地域で娯楽もなかったこともあり、書籍を読み考える時間が充分にあった。村の女性グループの収入向上支援をしながら、ひとりひとりの名前のある女性たちの発言や行動、笑いや怒りを身近に感じ、彼女たちにとって幸せな状況とは何か、それを実現するためにはどうすればいいのか、学びを深めたいと考えるようになった。この時点までの回答としては、前述の抜粋のように、女性たちに選択肢を提供し、その選択肢を選ぶ力をつける、つまりエンパワーメントを促すことが外部者の役割と捉えていた。

4．英国大学院での学び

アフリカの現場と開発学の理論が繋がった

２００２年の9月から、イギリス東部ノーリッジにあるイーストアングリア大学開発学部の修士課程、ジェンダー分析と開発専攻に進学した。欧米、アジア、アフリカから女性10名が同専攻にいて、イギリス人と南アジア出身の2名の女性教員が担当した。「ジェンダーと開発の概念」「ジェンダー分析」などの授業を履修していたが、どの授業でも、これまでニジェールやレソトで体験してきたことを説明できる理論を学び、自分が疑問に思っていたことが論文で議論されていることが新鮮だった。「生計の多様化（Diversification of Livelihood）」というトピックでは、貧しい人ほど生計手段を多様化させリスクを分散させていることを学んだ。レソトの村落部の世帯で、男性が南アフリカに出稼ぎに出て送金し、村に残された女性が自家消費用の農作物を栽培しながら手工芸品で現金を得て、子どもも総出で家畜を飼うという暮らしは、生計の多様化と説明できる。「ジェンダー不平等と貧困」というトピックでは、貧困が削減されてもジェンダー不平等が改善されるとは限らないことを学んだ。私がニジェールとレソトでの活動を通して疑問に思っていたことは、現地の女性たちは自分で収入を得ようとしていたが、女性が現金収入を得るようになれば彼女たちは幸せになるのだろうかということであった。そのため、修士論文では女性が収入を得ることによる影響について追求したかった。

協力的対立モデルに出会う

ジェンダー分析の授業の中で、世帯内でどのように資源が分配されているかを説明する「世帯モデル（Household model）」を学んだ。例えば世帯メンバーのお金を集めて夫のための自転車を買うか、子供のための衣類を買うか、妻の経済活動のためのミシンを買うのかというように、世帯内の資源をどのように使うか意思決定が必要なことがある。世帯内には女性と男性の役割の違いによって異なる関心ごとがあり、それらが互いに矛盾するとき、または優先をつける必要があるときに交渉が行われる。交渉からより大きな利益を得るために、そして将来の交渉でより有利な立場を得るために、より強い交渉力が必要である。世帯内の交渉力は決別点（ブレークダウンポジション）が上がるほど強くなる。決別点とは、世帯メンバーが他のメンバーからの協力なしに生きていける分岐点を示し、決別点の位置が低いほど世帯メンバーの協力なしに生活を送ることが困難となるため、相手に譲歩する。そのため交渉過程から好ましくない結果を受け取りがちである。一般に、女性は男性に比べて決別点が低い。女性は頻繁な妊娠や子育て、家事に従事していること、社会経済活動への機会や時間的な制限があることが原因である。また、高等教育や経済活動へのアクセスの機会がより少ないことや、財産所有権の制限や法律上の権利が不利であるなど、その社会の慣習に起因する問題もある。さらに、社会規範により女性の移動が制限されたり、離婚した女性が軽蔑されたりすることにより、女性の決別点は低くなる。

世帯モデルの中でも「協力的対立モデル」は、ニジェールやレソトの女性たちを見ていて理不尽に感じていたことを説明してくれるように感じた。協力的対立モデルとは、アマルティア・セン（１９９０）が説明したモデルで、世帯内のやりとりは交渉による「対立」の面だけでなく、「協力」せざるをえない関係性にあるという。また、自己利益への認識と、世帯への貢献認識は交渉の過程を支配する重要な役割を持つという。例えば、女性が家事や育児などの再生産労働の価値を低く見ると、自分自身に価値を見出さなくなり、交渉において強く主張せず交渉力は低くなる。また、女性も男性も、女性の再生産労働は世帯に経済的な貢献をしていないとみなすため、女性の世帯への貢献認識は低くなる。センはこれらの認識は、労働力を維持するために費やされた労働や時間の量よりも、世帯の外から獲得される収入の大きさに結びついていると指摘している（Sen, 1990）。授業でこの協力的対立モデルが説明された際に、ニジェールやレソトの女性たちが、不条理な婚姻関係の中で生活を少しでも良くしようとしていた状況を、世帯内の意思決定力という視点で描けると思った。そこで、修士論文では協力的対立モデルを取り上げようと考え、まずは調査対象地を探し、現場に出かける準備を始めた。

タンザニアへ

冬休みを利用して、タンザニアへ2週間の事前調査に出かけることになった。イギリスのNGOがタンザニアで小規模貸付（マイクロクレジット）プログラムを実施しており、調査を受け入れてくれた。このプログラムは2001年2月からタンザニア南部のムベヤ市とムバリジ村で開始され、当初は25人の女性に対して貸付を始め、2003年の6月には550人の女性への貸付に広がっていた。ムバリジ村は当時人口30,000人の大きな村で、ザンビア、マラウイへと繋がる主要幹線道路沿いに広がり、活気ある大きな市場がある。NGO事務所はムベヤ市にあり、タンザニア人スタッフ数人と、イギリス人の20代男性スタッフが働いていた。私はムベヤの街はずれにある教会施設に宿泊し、毎日、乗り合いの車でムバリジ村へ通った。ムバリジ村では2週間に1回、教会に参加者が集まり、決められた返済金を納めたり、貯金をしたりした。この教会の牧師の男性と、村の公務員の女性がプログラムか

写真１－11　タンザニア：修士論文調査で訪問した村

出所：筆者撮影。

ら委託を受け、参加者の女性たちを巡回していた。

私が訪問した12月末から1月上旬の間に、NGOスタッフがロンドンから視察に訪れたので私も同行させてもらい、プログラム参加者の女性たちの活動場所や家を訪問した。女性たちはプログラムへの感謝を口々に述べ、活発に発言していた。一方、NGO現地スタッフが話してくれた、「男性は経済活動が上手くいかず収入が減ったり、妻に離婚されたりという問題がある」ということが気にかかった。また、経済活動に忙しくしていた女性たちは、家事や育児も1人で担っていたことも気になった。

修士論文の調査

ムバリジ村での2週間の滞在で分かったことを基に、イギリスに戻った後、修士論文の構成を練った。「小規模貸付が世帯内のジェンダー関係に及ぼす影響」というタイトルで、女性が収入を得るようになったことで、夫との関係にどんな影響を与えるのか、女性は意思決定に携われるようになるのか、という問いに取り組むことにした。5月中旬に再度タンザニアへ行き、6月中旬までの4週間を同じムベヤの教会に宿泊し、毎日ムバリジ村まで通って女性たちを訪問しインタビューを続けた。1回目の調査後に、タンザニアのジェンダー課題について文献で多くの情報を得ていた。

男性は土地を耕し、女性は夫の畑で無報酬の家事労働として土地を耕した後のすべての作業を行う。ムベヤのある村で行われた参加型貧困調査によれば、女性は世帯の畑の生産物をコントロールする力はなく、男性が生産物を売り、その利益を自分のニーズやアルコールに費やす傾向がある。一方女性は、自分の小さな畑を持っていることも多い。しかし、過重労働のために、女性は自分の畑で働く十分な時間がなく、生産物を得る機会を失っている。さらに、ムベヤでは、土地が次第に不足しており、農業に生計を頼ることが難しくなっている(Bryceson, 1999)。確かに、街が次第に周辺に拡大しており、農地が不足するという話はインタビューでも出てきていた。

写真１－12　タンザニア：仕立て屋の女性

出所：著者撮影。

4週間の間、現地スタッフと共に女性たちを訪問した。ムバリジ村でプログラムに参加している約250人の女性の中から、夫と同居し、プログラムに参加して6ヶ月以上が経過している女性をリストアップし、ムバリジ村の中で居住地が地理的に散らばっている8人を選んだ。彼女たちの経済活動を見に行き、インタビューをし、また別の日に家を訪問しインタビューをし、4週間の間に同じ8人に対して繰り返し訪問することで、次第に多くのことを聞けるようになってきた。また村を歩き回り、村の市場を観察することで、より彼女たちがインタビューで答える内容を理解しやすくなった。

インタビューに協力してくれた8人の女性たちは、プログラムに参加して以来、生活が変わったと認識していた。「私はスキルのある仕立て屋であると信じられていなかった。なぜなら私は材料をあらかじめ買ってサンプルを作り、客に見せることができなかった」「私は何のビジネススキルもないと見られていた。しかし、それは私が一度もビジネスをする機会がなかっただけのことだ」。女性たちは収入を得る機会がないために貧困で、家族のニーズを満たすことができなかったと捉えていた。また、貧困は経済的な意味合いだけでなく、社会からの承認に欠けるという形でも表現された。「私は両親に支援をお願いしなければならなかった。そしてそうすることをとても恥ずかしく思いました」と、女性たちは困ったときに頼れる人が誰もいなかったと言う。この地域では結婚後に両親と住むことは稀で、調査対象者の誰も両親や義理の両親と同居していなかった。

ＮＧＯは１回目の貸付で借り手に貯蓄をするよう奨励し、２回目からは貯蓄を必須条件としている。貯蓄があることが、予期せぬ出来事があっても何とかやっていけるという安心感になると女性たちは言う。彼女たちは借りたお金で、内陸の村落部へ行き穀物や野菜を大量に安く仕入れ、ムバリジ村で少し高い値段で売るという小規模商売をする。「私は余分なトウモロコシと米を安い時期に買い、それらを貯蔵し、収穫時期前に穀物の値段が上がったときに売る」。より多く資金があれば、より遠くに行くことができ、より内陸の遠い村ほど、穀物や野菜を安く仕入れることができる。また牛やアヒル、ヤギなどの家畜に投資する女性たちもいた。「4回目の貸付で2頭の牛を買った。その牛から自家消費用のミルクを得る。またアヒルを買い増やした。お金が必要なときはアヒルを売る」「肥料を買った。その結果、収穫は前年の3倍になった」「生地を買いサンプル製品を作ってお店に飾った。それを見て、新しいお客を得ることができた」。女性たちは貸付へのアクセスを得たことで、ビジネスを始めただけでなく、利益を得るための長期的な戦略を描くようになった。

決別点向上

小規模貸付へのアクセスがあることは、必ずしも貸付金の使用や利益を管理できることを意味しないと言われる。女性がお金を借りても夫が自身の目的のために使用したり、夫がお金を使いたいために妻にお金を借りさせたり(返済は妻に負わせ)、また、利益を夫が管理することもある。これは世帯内で収入をどのように管理しているか、その地域の慣習に拠る。サブサハラアフリカの多くの地域では、夫と妻はそれぞれの資源を一緒にはしない(Whitehead, 1981)。ムバリジ村の調査対象者に質問したところ、しばらく黙った後、「夫の収入とともに世帯の収入にする」という答えや、「絶対に夫の収入とは一緒にしない」という回答があった。

貸付へのアクセスと収入、貯蓄を得る以外に、借り手の女性たちは経済活動を通してスキルと自信を得ている。調査当時の統計資料では、男子は高等教育に進む傾向が女子より高い

写真１－13　タンザニア：炭を販売する女性

出所：著者撮影。

ものの、女子は男子よりも小学校就学率がわずかに高い。教育を受けたことのある成人男性と女性はそれぞれ83％と67％である（タンザニア統計局、２００２）。７人の被調査者は小学校の全過程を修了し、そのうち２人はさらに高等教育を受け、結婚により退学している。１人は3年間の職業訓練学校に通い、洋裁の技術を身につけている。基礎教育を受けていることも、女性たちの経済活動をスムーズにしている。「私は最初の貸付を得たとき、ビジネスの経験はまったくなかった。最初、私は炭を買い、少しずつ売った。その後、あまり利益がないことに気づいた。それから友達がお菓子を作るのは利益があると教えてくれ、小麦粉を買ってお菓子を焼いた。お菓子売りで少しずつ利益が出たので、小さな土地を借りて、トウモロコシと豆を育てた。収穫の一部を家庭での消費用に蓄え、残りを売った。そして利益を貯蓄した。こうして私は親戚のお葬式があったときに、予想しなかった出費に対応でき、財産を売らなくてすんだ」。この女性は2年間の失敗と成功の経験を通して、今ではビジネスに自信を得ている。また仕立て屋をしている女性は次のように語った。「私は仕立て屋としての自分の評判を誇りに思う。私はお客に、私の飾っているサンプルの服がいいので、私に注文したいと思ったと言われた」。自分のスキルに自信を持つことは自尊心を強化し、活動の継続を力づけている。男性の責任と思われていたことに対処できるようになることで自信をつけ、その結果、決別点は向上する。

プログラム参加によって、女性たちは他の参加者やスタッフと知り合った。参加者は5人のメンバーからなる連帯組を結成し、他のメンバーが返済できないときに助け合うことに同意している。しかし女性たちは、困ったときにグループメンバーを頼りにしていなかった。小規模貸付は他のグループメンバーとネットワークを作ることで、ソーシャルキャピタルを築くと言われる（Mayoux, 1998）。しかし女性たちからは、支払いが遅れるメンバーに煩わされるという不満が聞かれた。女性たちは同じコミュニティで同じような小規模商売を行う。他のメンバーと共同し、各自の仕事量を減らして時間を節約したほうが有益であるように思える。しかし、「ある人は一生懸命働き、ある人は他の人に頼るだろう。それは不公平だ」

と、女性たちは他のメンバーと一緒に働くことに関心を示さない。一方で、女性たちはスタッフを非常に頼りにしている。「何か問題があったときはスタッフに話すが、スタッフが自分の家を訪ねてくれて他の参加者がいないところでだけ、自分の問題を話せる」と言う。女性たちにとって、グループメンバーとスタッフの違いはなんだろうか？　グループメンバーは同じような状況にいるコミュニティの人々であり、スタッフはコミュニティの外部者である。自分たちの問題を外部者に言うほうが、近所の人々よりも話しやすいことが分かる。このように頼る相手を得ることも、決別点を向上させている。

女性にとっての脅威は何か

決別点の脅威（threat）は交渉過程と結果に影響を与える（Sen, 1990）。交渉過程の中で何が脅威として機能するかは、その社会の正当性（Legitimacy）に影響される（Sen, 1990）。ムバリジ村の女性にとっての脅威とは何だろうか？　女性にとって適切であるとされる行動の多くは、結婚に関わる慣習に規定されている。タンザニア女性の社会的ステータスは、結婚により妻、母親、祖母と格付けが上がる（Bryceson, 1995）。調査実施時は、タンザニアでは制定法と慣習法があった。慣習法の元では女性は財産、収入、相続の権利を管理できず、離婚した場合は子供も財産の所有も夫に渡る（TGNP SARDC, 1997）。１９７１年に制定された婚姻法は夫からも妻からも離婚できることを認め、結婚の際には一夫一妻制か一夫多妻制かのどちらかで登録することになっている。男性と2年間以上一緒に暮らした女性には、妻としての法的権利が与えられる（Bryceson, 1995）。婚姻法は女性の地位を向上させる内容だが、タンザニア女性の法識字は低く、多くの女性が法律上の権利を知らない（TGNP SARDC, 1997）。

２００３年当時、ムバリジ村での離婚件数は年々増えていると言われていた。お金の問題に遭遇したときに、夫婦はお互いに不満を言いだすという。女性たちは離婚に関心はなく、離婚は良くないと言っていたが、離婚は例外的なものではないとも話した。慣習法の下では子供は父親に属し、離婚した場合、子供たちは母親なしで育つか、継母の下で育つ。これは女性たちにとって受容できないことだと言う。また、「離婚した女性はお金に困り売春する」と周囲から疑われることを嫌悪していた。女性たちは離婚の理由を2つ挙げた。1つは、男性が妻以外の女性と交際することで世帯内に問題を引き起こし、婚姻関係の解消を引き起こすこと、もう1つは、経済的な問題であるという。「私たちの文化では、もし朝早く家を出るなら、朝食のためのお金を置いていかなければならない。もし夫がお金を置いていかなければ問題が生じる」「収入のある女性で、その夫に収入がない場合がある。このような女性たちは世帯に大きく貢献しているにもかかわらず、その夫は他の女性を得たり、お金を贅沢なことに使用したりということがある。これを不公平に感じる女性はいる」。多くの女性は、離婚の原因が男性にあると言うが、夫も妻も婚姻関係を維持する責任があるという意見もあった。「もし自分の問題を自分の実家や友達や近所の人に言ったら、そのうちの誰かが、離婚を勧めるかもしれない。そのような悪い仲間を持たないようにするべきだ」、と言う。

夫が十分な収入を得てこない場合に、女性はどのように反応するのか？　女性たちは夫にお金がないことに気がつくと、夫に言わずに自分の収入で食料や家族に必要なものを買うという。しかし、この地域では食料、子供の教育費、医薬費は男性の義務であると考えられている。現実には、女性たちは自分のビジネスで得た利益を、本来は男性の義務であることに支出している。これにより、女性たちは世帯への貢献認識を上げていた。女性たちは家事・育児という女性の責任を果たし続ける一方で、なぜ、夫の義務に対しても自分の収入を費やすのだろう？　女性たちは夫と良い関係を保っていることを強調していた。もし「良い関係」が夫と妻の間に争いがないことを意味するのであれば、女性が夫に伝えることなく世帯のニーズを買うという行動は、女性が婚姻関係を維持する戦略であるとも考えられる。しかし、それほど婚姻関係の維持が重要なのだろうか。

コミュニティで離婚件数が増えている事実や、経済的な困難が離婚を引き起こすことが広く受容されているにもかかわらず、女性は離婚されることを脅威と感じている。女性たちは離婚に対して複雑な感情を表現した。経済的な問題によって生じる離婚は避けられないと思う一方で、コミュニティの中でいかにシングル女性が軽蔑されているかを述べた。夫のいない女性はコミュニティで尊敬されず、それは女性が未婚でも離婚でも同じである。女性は離婚することよりもシングルになることをより恐れていると理解できる。ムバリジ村では再婚はよくあることで、女性が夫と上手くいかないときは、夫と離婚して他の人と再婚するという選択がある。再婚すれば女性はシングルになって軽蔑されることもない。つまり女性が新しいパートナーを見つけられる限り、離婚は女性たちにとって脅威になるわけではない。しかし、女性が新しいパートナーを見つけ再婚できるか不確かな場合は、シングルになるという脅威は生じる。女性はパートナーを自分自身で探し、恋人としてしばらく過ごした後に、それぞれの両親に紹介する。両親は相手がよく働く人物であるか観察する。この地域では、よく働くことが結婚を許可されるための基準である。離婚の主要因が経済的な問題であることから、男性も女性もよく働き収入のある人を好む。

プログラム参加前は、女性たちは収入を得る手段がなく家事に従事したり、世帯の畑で自家消費用に作物を育てたりしていた。女性たちはビジネスをしていない女性を夫への依存とみなしているが、妻のビジネスを許可しない夫もいると捉えていた。コミュニティ内ではビジネスをする女性のほうが多く、「ビジネスで利益を得る女性はコミュニティ内で高く尊敬されている」と、女性たちは強調した。離婚は女性にとって子供をとられてしまうことなので脅威になっているが、男性にとっても経済的な問題による離婚は脅威になっている。妻が尊敬されるビジネスウーマンである場合は、その妻を離婚する正当な理由を見つけることは難しい。さらに、女性がビジネスで得た利益を家のメンテナンスに投資していると、修復された家の外観の良さが目立つので、良き妻としての評判は上がる。よい評判を得ると新しいパートナーを探しやすくなり、離婚に至った場合には、原因は妻の側にないことを証明することになる。

世帯への貢献認識

ムバリジ村の市場では男性も女性も経済活動をしているが、女性のビジネスと男性のビジネスがある。特別なスキルを必要とする大工や車の修理工、床屋や肉屋は男性の仕事とみなされる。これらの仕事はスキル習得に時間と資金を必要とし、ビジネス開始にまとまった資金を必要とする。雑貨屋や部屋貸しは男女とも携わるが、雑貨屋は最初に様々な商品を揃えるため、部屋貸しは家を所有する必要があるため、まとまった資金が必要である。野菜や薪を売る仕事は資金もスキルも必要としないため、女性の仕事とみなされる。男性が野菜を売っていることもあるが、その場合は店舗を構えている。一方、女性の野菜や薪売りは、店舗はなく、道端や市場の中でも狭い場所で売る。男性が道端で野菜を売るようなことは、コミュニティ内で正当な行動とはみなされないため、男性は女性のように小さなビジネスを始めることができない。ムバリジ村では小規模商売が盛んで、少ない資金でも小さなビジネスを開始できるような環境は、女性にとって利点である。

世帯への貢献認識も世帯内の交渉力を向上させる要素の1つである。夫と妻の間で、世帯に対してより大きく貢献していると認識している側が、より大きな交渉力を持つ。この貢献認識と、実際に世帯に貢献していることとは違う。女性は家事に多くの労力と時間を費やしているにもかかわらず、その貢献は夫の貢献よりも低いものと女性も男性も認識している(Sen, 1990)。調査対象女性たちは、「以前は夫に依存しビジネスをしていなかったので収入はなく、世帯に貢献していなかった」と認識している。「自分の貢献は掃除、洗濯と料理」と言う女性もいるが、ある女性は、「家事は自分の義務」と明言していた。また、主婦になることに関心を持つ女性はおらず、主婦を「夫に依存する女性」と捉えている。例えば、「夫に依存しているのは不公平だ。なぜなら主婦は夫がお金を持ってくるのをただ待っているだけだから」「女性も夫が家族の必要を満たせなくなる場合に備えて収入を得るべきだ」と述べ、主婦は経済力が低く価値の低いものと認識している。

タンザニアではハウスガールと呼ばれる家政婦が、比較的裕福な家庭で雇われている。ハウスガールは貧しい農村出身の若い女性で、雇い主の家に住み、料理、洗濯、掃除などの家事を行う。ムバリジ村の女性たちも自分が外で働いている間に、子供の世話や家事をするハウスガールが欲しいと言う。彼女たちにとって家事はつまらないもので、他の人によって簡単に代行できると捉えていた。男性を稼ぎ手、女性を家事従事者と扱う性別役割分業は、多くの社会で当然のこととみなされている。家事や育児という再生産的役割は世帯に経済的貢献をもたらさないため、この役割は目に見えず、価値の低いものとみなされる。性別役割分業は毎日繰り返し実践されることで深く内面化され、男性も女性もこの分業を自然のこととみなす。ムバリジ村では収入向上活動の成功により、女性は世帯における自分の重要性に気づいた。彼女たちは自分の世帯への貢献を誇りに思い、「私が利益を得れば、家のメンテナンスや子供の学校用品などいろいろなものが買える。これが私の貢献だ」「私は家を修復するためにセメントを買った。それから自転車を買った」と、購入できることが世帯への貢献であると言う。しかし、女性は収入を得ても依然として家事にも従事している。女性が小規模貸付を通して生産的活動に参加することで、過重労働に陥った（Goetz, Gupta, 1996）と言われるが、実際に調査対象者は、「私は朝早く起きて、すべきことがすべて終わったことを確認して仕事に出かける。そうすれば私の家族は迷惑を受けない」「仕事が多すぎるので、早く起きて家事をし、洗濯を夜にしている」と、自分の休息時間を犠牲にして家事とビジネスの両方をこなしていた。「そんなに大変なことじゃない。ビジネスは楽しい」「自分のお金を持つのは必要なことだ。そうすれば好きなものを買え、生活を楽しむことができる」、という回答から、女性は労働量が増えているのを認識しているにもかかわらず、生産的活動に価値を見出す（Kabeer, 2001）ことが分かる。家事だけに従事している女性は、その労働に対して無報酬であり、コミュニティの中でも世帯の中でも役割に対して注意を払われない（Kabeer, 2001）。ビジネスをする女性は収入を得ることに対してだけでなく、自分の存在や貢献を認識されることを喜んでいる。

夫と妻の貢献は平等だという女性もいるが、ある調査対象者は次のように話した。「平等であるのが理想的だ。しかし、実際には私は夫よりも貢献している。夫は収入がない」。4人の調査対象者は夫の貢献がより大きいと言い、それは夫がより利潤性のあるビジネスをしているからであり、女性のビジネスは小規模であると説明した。利潤の出るような商品を仕入れるにはもっと遠い場所に行く必要がある。しかし、多くの夫は妻がどこか他の所に泊まるのを許さない。女性の中にはこのコミュニティの地の利を生かしてザンビアやマラウイに安い商品を買出しに行くものもいるが、それは独身か寡婦である。女性のビジネスが男性のものほど大きな規模にならない理由は、この移動の制約にある。また、女性は自家消費用の農業にも従事し、自分のビジネスに専念できないという理由もある。自分の貢献のほうが大きいと感じている女性もいる。「私が食料を買い、子供の学校用品を買っている。子供たちが何か欲しいとき、私のところにやってくる。彼らは父親にはおねだりしない」と答えた。面白いことに、彼女たちの貢献は家のメンテナンスと子供のニーズを満たすことに関連している。

「私は子供のための洋服を買う。いつも子供たちが清潔な服を着ているか確認する」「子供のためのノートを買う」「子供が病気のときは、私が病院に連れて行く。そして子供たちに食べ物を与え、きちんとした場所で眠っているか確認する」。女性たちは子どものニーズを満たすことを自分の役割と捉えており、それを満たせることに満足していた。女性たちは世帯への貢献度合いを、世帯の外から持ち込む収入の量と同等に見ている。したがって、貢献認識を向上させるには、女性が自分で収入を得ることが不可欠である。

自己利益への認識

協力的対立モデルでは、自己利益への認識の高さも交渉力向上の要素の1つである。自分の幸せに関する関心をあまり持っていない側は、交渉過程から良い結果を受け取れない。女性たちは「私はとっても幸せです。私は家族の必要を満たし、家族に食べ物を差し出し、病人の世話をできます」「私は自分のビジネスがあるからとても幸せです。私は家族の必要を満たす十分な利益を得ています。私の家族はきちんとした食べ物や良い衣服を得てとても幸せです。子供たちは欲しいものを私に頼めると知っています。私は子供たちに『お父さんは今いないよ』と言う代わりに、ものを買ってあげることができます。だから子供は幸せです。そして私も幸せです」と、自分個人の幸せと家族の幸せを結びつけているが、性別役割分業に従えば、妻の役割ではないことを行っている。女性を不利益にしている従順な態度は、その実践を正当なものとして受け入れていることを意味しない（Agarwal, 1994）。ムバリジ村の調査対象者は、「私は夫を敬わなければならない。私には何もできない。男性は汚い言葉を吐いたり、妻を殴ったりする。すべては男性次第なのだ。私は彼を敬わなければならない。私の夫はこの家の家長だ。彼が何かをしようと決めたら、彼は何だってできるのだ」、と説明した。たとえ女性が男性優位の社会的規範を受け入れているように見えても、それは彼女が喜んでそうしているわけではない。自分が何をしたいのか表現しないことが、自己利益への関心を持たないわけではない。女性が慣習の正当性に従った行動をとるように強く抑圧されている社会では、女性にとって、どう振舞うべきかという期待に沿った行動を受け入れることが、生き延びる戦略である（Agarwal, 1994）。

女性は自分の選択に気づくことなく自己利益を家族のために犠牲にする。しかし、「家族」は子供を指している（Agarwal, 1994）。ムバリジ村の調査対象者の貢献認識は、子供に何かを買ったり、子供の幸せを向上させたりすることに関連していた。女性の自己利益への認識と、女性が考える子供の関心に明確な区別がないように思われる。女性は子供のために自身を犠牲にしていると考えられる。タンザニア女性の社会的地位は母親になることで達成され、実際、成人女性は最初の子供の名前を名乗る習慣があることから、母親となることの重要性がわかる（Bryceson, 1995）。コミュニティで尊敬されるために、女性は子供の必要を満たすように行動する。したがって、調査対象者の自己認識が家族の幸せに関わるものであっても、それが女性の関心ごとであると言えるだろう。

プログラム参加以前の関心も、世帯のニーズを満たすことに関係していた。女性たちは「良い家を持ちたい。子供たちにきちんとした食べ物を与え、学校に送るときは、必要なものをすべて携えて送りたい」と言う。しかし以前は、これらを夢見るだけで、実行に移す機会がなかった。「私は部屋を借りるよりも家を持ちたい。しかしビジネスをしていなかったときは不可能だった。どうやって生計を立てればいいのか考えもしなかった。毎日しなければならないことで手一杯だった」。調査対象者の現在の自己関心は、もっと現実的で詳細な計画になっている。「私は牛やヤギを飼いたい。そうすれば、ミルクをとれるし、牛を畑仕事に使える。そして私の生活は安定するだろう」「自分のミシンを買いたい。そして部屋を借りて洋裁の教室を開きたい」。女性たちの関心事はビジネスで利益が出るにつれ膨らんでいった。彼女たちは家の外見を修復する具体的な計画を持つようにもなった。「私はまずセメントを買って、壁を塗りたい。それから壁にペンキで色を塗りたい。それから天井を作りたい。そして電気を通し、水道の蛇口を自分の家の中に持ちたい」。ムバリジ村を歩きまわると、コミュニティの中で家の外見の違いは明らかだった。ある家は泥レンガで建てられ、ある家は焼きレンガを使用している。外壁を塗っている家はコミュニティの中で人目を引く。一方で、藁葺き屋根の家も目立っている。「もし誰かの家が泥レンガで藁葺き屋根だったら、それは住人が貧しいことを物語っている」。良い家を持つことは、コミュニティの中で自分は貧しくないと証明することになり、家を修復する余裕があることを見せることで、収入向上活動が成功していることを示す。女性たちは訪問者に家を見せたがり、お茶を出してもてなそうとする。調査中に女性たちからの食べ物やお茶のもてなしを断ることは難しかった。家を修復することと同様に、彼女たちは良い家具や食器類を持つことに興味を持っていた。「ソファーにきれいなカバーをかけて、ここでお茶を出すことができたら、私はとても幸せだろう」。他者をもてなす慣習があるが、訪問者を敬意で迎えるために良い家具や食器類も必要である。家を修復することで女性は尊敬されるビジネスウーマンとしての評判をあげるので、良い家にしたいという関心は、女性にとって重要である。女性たちの関心は世帯のニーズを満たすことで、それは食料や子供の学校に必要なものを買ったり、家を修復したりすることである。プログラムに参加することで、自己利益への認識の中身は変わっていないが、より現実的で詳細な計画を持ち実行に移せるようになった。

イギリスでの学生生活

こうしてタンザニアでの4週間の調査を終えイギリスに戻った。イギリスでの1年足らずの留学生活は、大学の教室と図書館と学寮の往復だった。それでも森と湖があるキャンパスを友人たちと散歩したり、それぞれの国の料理を作ったり、留学生同士の交流は楽しかった。特に印象に残っている友人が3人いる。タンザニア人の女性は援助機関の現地スタッフとして働いた経験があった。その際に第一子を妊娠したが、その援助機関では現地スタッフには出産・育児休暇が認められておらず、妊娠が分かると解雇されることになっていたという。そこで、普段はスーツで通勤していたが、体を締め付けないアフリカンドレスで通勤するようにし、妊娠に気づかれることなく出産し、解雇を免れた話をしてくれた。イギリスには子連れで留学していた。私がタンザニアに調査に行く前には、子どもにスワヒリ語を教えてもらったり、彼女からタンザニアの話を聞いたりした。マラウイ人の女性は大手の国際NGOスタッフとして働いていた。とても優秀で、試験勉強を一緒にしたり、修士論文へのアドバイスをもらったりしていた。彼女も子連れで留学していた。大学院修了後は、この国際NGOのロンドン本部に就職した。数年後に、そのNGOの出版物に彼女の名前があったので、その後も活躍していると思う。

バングラデシュ人の女性は、私より1年前に修士課程を修了し、大学付属の開発研究所で働きながら博士課程に進学していた。留学当初、私は彼女の家に4ヶ月ほど間借りしていた。家で料理をしたり、寛いだりしながら、彼女とは多くの事を語り合った。彼女はバングラデシュの地方で育ち、周囲に比べれば裕福な家庭の出身だったが、10代で結婚させられそうになったり、進学を親戚に反対されたりしたという。私が授業で学んだダウリ（婚資）に関する女性への暴力や名誉殺人が、バングラデシュの彼女の実家の周囲でも実際に起きていたことを話してくれた。彼女は国際NGOの現地スタッフとして働いているときに現地で英語の研修を受ける機会があり、そのイギリス人の英語教師と結婚し、イギリスに移り大学院に進学した。開発研究所ではベンガル語と英語を活かし、バングラデシュでの調査研究に従事していた。バングラデシュの地方出身女性の成功物語だと思っていたが、彼女は母国の村での調査で歓迎されず、いつも調査が上手くいかないと嘆いていた。同じ状況にある人の成功は嫉妬されると話してくれた。彼女たちが大学院に至るまでの道のりは、日本人の私が留学するまでの過程に比べると格段に厳しい。自国で女性が高等教育を修了することも難しいが、さらに奨学金を得て留学の機会を得るのだから、相当に優秀な女性たちだったと思う。これまでニジェールやレソトでは高等教育を受けた現地の人と関わる機会がなかったので、この3人の友人をはじめ、アジアやアフリカからの留学生との交流は新鮮だった。

英語での修士論文執筆は、とても大変だった。指導教員に2週間に1回のペースで原稿を送り、その後、口頭で指導を受けていたが、自分が書きたいことを表現できているのか自信がなかった。それでも指導教員の厳しく丁寧な指導のおかげで、納得のいく修士論文を仕上げることができた。指導教員はジェンダーと開発分野の著名な研究者で、私が研究テーマとした世帯内意思決定や貧困とジェンダーの研究をしている。ジェンダーに基づく何が女性たちの認識や行動を制限しているのか、なぜ、婚姻関係の維持にこだわるのか、女性たちが経済力を向上させても解決しない課題があることに、修士論文の執筆を通して気づいた。開発ワーカーに戻って何ができるのか、何をすればいいのか、イギリス生活の終わり頃には、早く開発ワーカーに戻り国際協力の現場で働きたいと思うようになっていた。

注

（1）2022年9月、東京都教育委員会は、東京都立高校の男女別定員は2024年春の入試から段階的に廃止する方針を発表している。

（2）女性差別撤廃条約（Convention on the Elimination of all Forms of Discrimination against Women: CEDAW）は1979年に第34回国連総会で採択され1981年に発効した。日本は1985年に締結した。日本政府は女子差別撤廃条約と訳しているが、英文の正式名称に従い「女子」ではなく「女性」と本書では訳す。

（3）レソトでは2010年に土地法が施行され、すべてのレソト人が平等に土地の所有権を持てることになったが、実際には女性が夫の土地を相続するためには、男性親族に相談する必要がある。

第2章　開発ワーカーとして「ジェンダーと開発」に関わる

1．JICAの「ジェンダー平等推進」担当部署で働く

ジェンダーは嫌われている？

2003年12月から、JICA企画部環境女性課にジュニア専門員として勤務することになった。「ジェンダーと開発」の専門分野での採用だったので、大学院で学んだ知識を十分に活かせると期待した。ジュニア専門員とは、開発援助の知識と現場での活動経験があり、将来にわたり国際協力に従事したい若手人材に対して、国内外のJICA事業を通して能力を向上させる機会を提供する制度で、当時は3年間の任期だった。私が配属された部署は、途上国でのプロジェクトを担当するのではなく、JICA事業全体のジェンダー平等の推進を担っていた。具体的には、新規プロジェクト要請書のジェンダー視点からのチェック、ジェンダー視点のあるプロジェクト事例の作成、ジェンダー視点からの調査研究の実施、途上国から日本に研修に来ている研修員やJICA職員対象のジェンダー研修の実施などである。

大学院で得た知識を十分に活かせる業務であった。しかし、日本で国際協力に関わる人々が、ジェンダーに関心があまりないことを様々な場面で実感した。例えば、新規プロジェクト要請書には「ジェンダー配慮の有無」を記載することになっていたが、ある学校教育のプロジェクトの要請書に「学校は男女両方に門戸を開いているため、ジェンダー配慮の必要なし」と記載されていた。また、農業関連の文書に「貧困の女性化」という言葉を用いてコメントを付したところ、「そんな言葉は聞いたことがない。何でもジェンダーで語るな」というコメントが返ってきた。

2003年当時、国際社会では既に女子教育支援が盛んになっていた。1995年の北京女性会議では女子教育の重要性が述べられ、2000年にダカールで開催された世界教育フォーラムでは、「ダカール行動のための枠組み」として6つの目標が定められたが、その1つはジェンダー平等で、「2005年までの初等・中等教育における男女格差の解消」「2015年までに教育のジェンダー平等の達成」が掲げられている。また、2000年には複数の国際機関によりUNGEI（国連女子教育イニシアティブ）が設立され、女子教育の推進と男女格差の解消は重要な開発課題と認識されていた。たとえ男女双方に教育の機会が平等に与えられたとしても（男女どちらかの入学を規制しない）、女子の就学率が低い結果になることが多い。なぜなら、無償で教育を受けられたとしても、文具や教科書、制服、PTA

の費用等の出費があり、世帯内で男子を優先するため女子が学校に行く機会を得られないことがある。また、女子が母親の家事・育児を手伝ったり、畑仕事や市場での物売りなど経済活動を担ったりするため、女子が学校に行くことで、本来なら得られたであろう利益を得られなくなる（機会コスト）。国際教育協力に従事していれば当然、誰もが知っていることと思っていたので、前述のようにプロジェクト要請書の記載があったことには驚いた。

また「貧困の女性化」とは、貧困者に占める女性の割合が男性より多く、女性の方が男性よりも貧困に陥りやすいことを意味する。これは、1978年にPearce（注1）が米国の貧困と女性の問題を取り上げた論文、「The Feminization of Poverty: Women, Work, and Welfare」のタイトルに由来する。途上国における貧困の女性化の問題は、1990年代以降、取り上げられるようになった。例えば、1995年の北京女性会議で採択された北京行動綱領の中で用いられている。また、1995年版のUNDP（国連開発計画）の「人間開発報告書」はジェンダーと人間開発を特集したが、この中で、世界の貧困者13億人の70%が女性であることから「貧困には女性の顔がある」と、貧困の女性化について述べている。このように、「貧困の女性化」という用語は、当時、国際協力の世界ではよく使われる用語であった。イギリスの大学院で当たり前に語られていたことと、日本の援助機関で働く人の認識の格差を感じた。

「ジェンダーと開発」の変遷

ここで「ジェンダーと開発」の変遷について見ていこう。現在では「ジェンダー平等と女性のエンパワーメント」は持続可能な開発目標（ＳＤＧｓ）の１つで重要な課題と広く認識されているが、長い間、国際協力の現場において「ジェンダーと開発」は必ずしも重視されてこなかった。途上国の開発における女性の役割に初めて注目したボズラップは、「経済開発における女性の役割（Women's Role in Economic Development）」（1970）の中で、欧米諸国が途上国で実施した開発が、男性は市場向けの生産的な仕事、女性は家庭の中で非市場向けの仕事に携わるという固定的な性別役割分業を持ちこんだため、女性が担う生産役割を見過ごしていると指摘した。そして開発過程における女性の役割や女性に関する統計を明らかにする必要性を指摘した（Boserup, 1970）。このボズラップの指摘を基に、１９７０年代に「開発と女性（WID: Women in Development）」アプローチ（以下、ＷＩＤアプローチ）が登場した。経済開発が進むにつれ、開発の恩恵は女性と男性に違うように影響し、女性には負の影響を与える場合があると指摘され始めた。Boserup（1970）は女性への負の影響の原因を、女性が生産活動に従事しているにもかかわらず、主に自家消費用作物の生産活動であるため市場での価値を受けず、その貢献が可視化されず統計にも開発プロジェクトの計画にも認知されないためと考えた。そのため女性は開発プロジェクトにおいて、例えば新技術の導入や技術訓練の対象とならず、開発の過程から除外されていた。WIDアプローチは、女性を「開発過程に統合する」ことで開発の効率性を高めようとした。女性の状況を改善するために女性対象の活動に焦点を当てた。女性が十分に教育を受けていないことが問題だからと、女性を対象とした識字教育を行ったり、女性に経済力が十分にないことが問題だからと、女性を対象とした職業訓練や収入向上プログラムを実施したりという活動が行われてきた。また、ボズラップが指摘した女性の状況に関する統計の必要性は、1975年に開催された第1回世界女性会議で採択された「世界行動計画」に反映され、女性の状況に関する研究、資料収集、分析に高い優先度を与えること（161項）、女性の経済的貢献を評価する際の主要な障害は資料および指標の不足や不備である（162項）、個人の特性、世帯、家族構成などに関する統計調査はすべて性別に報告、分析すること（167項）等が含められた。

しかしWIDアプローチは、女性のみに焦点があてられ、男女の不平等な関係や固定的な性別役割分業を是正するものではないという限界が次第に明らかになった。これらの限界を踏まえて、1980年代には「ジェンダーと開発（GAD: Gender and Development）」アプローチが登場し、女性が男性に従属する社会的関係が作られる過程に注目するようになった（Moser, 1993）。しかしGADアプローチが目標とする「ジェンダー平等」は、不平等な力関係の上に成り立つ「家族」を経済的、心理的、社会的な安全保障としている途上国の女性には非現実的な目標であるという批判（Singh, 2007）、また「ジェンダー平等」は西欧のアイデアであり、イスラームにおける「男女の役割は補完的」というアイデアに適さない（Kandiyoti, 1995）、という批判がある。さらに、ＧＡＤアプローチは西欧フェミニズムの考えを基にしており、女性の従属性が文化・歴史の違いを超えて普遍的なものと見なしがちである（Mohanty, 2003）、という批判もある。このように、女性を対象に教育や経済活動への支援を行ったＷＩＤアプローチでは、目の前にある不利な社会経済状況にある女性の現状改善に取り組むことを優先し、「ジェンダー平等」という目指す状況がどのようなものなのか十分に議論されなかった。

１９９５年に北京で開催された第4回世界女性会議（北京会議）を機に、援助機関・政府の中で、ジェンダー主流化アプローチが促進されてきた。ジェンダー主流化とは「ジェンダー平等の視点に立って、組織のすべての政策、開発プログラム、組織の運営に関連した総務（例えば雇用者の男女比率、福利厚生や労働条件等）、財政面における手続き等を重要課題と認識し、組織自体の体制および意識変革を促進する」ことである（田中、２００２）。また、ＵＮＤＰ（国連開発計画）が１９９０年以来毎年発表する「人間開発報告書」の１９９５年のテーマに「ジェンダーと開発」が取り上げられ、人間開発指数に加えて、ジェンダー格差指数が登場した。ジェンダー格差を表す指標として「ジェンダー開発指数（ＧＤＩ）」と

「ジェンダーエンパワーメント測定（GEM）」を導入した。ジェンダー開発指数（GDI）は人間の基本的な能力の達成度のジェンダー格差を表すもので、「人間開発報告書1990」から使用されている「人間開発指数（HDI）」と同様に健康や教育の面における達成度を示す。ある国のジェンダー格差が大きいほど、人間開発指数に比べてジェンダー開発指数（GDI）が低くなる。一方、ジェンダーエンパワーメント測定（GEM）は経済、政治、専門職の機会均等に関する男女の平等の度合いを測定するものである。ジェンダー開発指数（GDI）は能力の拡大に焦点を当てているが、ジェンダーエンパワーメント測定（GEM）は獲得した能力を活用する機会がどの程度あるかを問題にしている（UNDP, 1995）。2つの新たな指標はジェンダー格差の問題を広く知らせ関心を高め、また各国ごとにランキングが発表されるため、各国がジェンダー格差是正への取り組みを促進させた。しかし、絶対的な達成と相対的な達成を1つにまとめたこと、データの欠損のためデータ代入が多かったこと、ジェンダーエンパワーメント測定（GEM）では都市部エリート寄りのバイアスがかかっている等の問題があった。そして「人間開発報告書2010」では新たに「ジェンダー不平等指数（GII）」が導入され、ジェンダー開発指数（GDI）とジェンダーエンパワーメント測定（GEM）は廃止された（UNDP, 2010, 108-113）。ジェンダー不平等指数（GII）は、男女間の相対的な社会的格差を明らかにすることを目的にし、①リプロダクティブ・ヘルス、

②エンパワーメント、③経済活動への参加、の3つの側面で、女性がどの程度不利な側面に置かれているか測っている。①のリプロダクティブ・ヘルスでは妊産婦死亡率と若年出産率（15歳から19歳の女性1，000人当たりの出生率）、②のエンパワーメントでは、国会議員の女性割合と中等以上の教育修了率、③の経済活動への参加は労働市場への参加率を測る（UNDP, 2010, 108-113）。

世界経済フォーラムも2006年以来「ジェンダー格差報告書」を毎年発表し、ジェンダー格差指数（GGI）によって各国のジェンダー格差を経済、教育、保健、政治の4分野から示している。経済は、①就労率のジェンダー格差、②男性の推定所得に対する女性の推定所得の割合や同一の仕事に対して男女で同一賃金となっているか、③管理職や専門職における女性の割合、の3点から格差を見る。教育は、①初等教育、②中等教育、③高等教育に対するアクセスの格差を見る。保健は、①出生時の男女比、②健康寿命の男女比。出生時の男女の差については、男児を強く好む社会では女児を嬰児・胎児の間に殺してしまうことがあり、著しく男女の割合の差が異なるところがある。政治は、①大臣級のポストにおける女性の割合、②国会議員の女性の割合、③過去50年の間に首相または大統領のポストに女性が就いた年数を測る。

このようにジェンダー格差を統計で明らかにする試みが続いているが、国全体のジェンダー格差の状況や傾向は明らかになっても、世帯内の不平等が見えてくるような指標は含まれていない。2000年に発表された国連ミレニアム開発目標（MDGs）の目標の1つに「ジェンダー平等と女性のエンパワーメント」が取り上げられ、ジェンダー平等を目標とする様々な取り組みが実施された。MDGsの達成度が報告され、他の目標に比べてジェンダー平等の目標は達成には程遠いことも浮き彫りにされた。2015年には持続可能な開発目標（SDGs）が発表され、17の目標の1つとして「ジェンダー平等を達成しよう」が掲げられた。MDGsは発展途上国の課題に焦点が当てられていたが、SDGsでは先進国の課題も含まれるようになった。SDGsは援助機関だけでなく、自治体や民間企業も取り組むようになったため、その目標の1つであるジェンダー平等という用語が広く使われるようになった。また日本のジェンダー平等の達成度が大変低いことも、より広く知られるようになった。

ジェンダー主流化

2004年4月から、所属していた部署の名称が「ジェンダー平等推進チーム」と変更された。業務内容は変わらなかったが、より一層、ジェンダー主流化の推進に取り組むこととなった。ジェンダー主流化とは、すべての開発政策や施策、事業は、中立ではなく男女それぞれに異なる影響を及ぼすという前提に立ち、すべての開発政策、施策、事業の計画、実施、モニタリング、評価のあらゆる段階で、ジェンダーの視点に立って開発課題やニーズ、インパクトを明確にしていくプロセスである（JICA, 2009）。この用語は1995年に開催された北京女性会議以後、普及してきた。従来は援助機関等の組織内にジェンダーの担当部署や担当者を置いて、その担当者がジェンダー関連の業務を行うだけになっていたが、すべての事業をジェンダー視点で捉え実施するというジェンダー主流化の考えが導入されたことで、「全員が関わる」ことが建前となった。ジェンダー平等推進チームはＪＩＣＡ内のジェンダー主流化を、「組織のジェンダー主流化」「事業のジェンダー主流化」の2つに分けて取り組んでいた。前者は各部署にジェンダー担当者を置き、部署ごとにスタッフの男女別人数、ジェンダー研修の受講実績などをまとめ、現状の可視化に努めていた。後者は、技術協力プロジェクトや研修員受け入れなど実際の技術協力事業において、どのようにジェンダー視点が組み込まれているか確認したり、どのようにジェンダー平等に繋がる活動を取り入れられるか提案したりしていた。このように組織と事業の両面からジェンダー主流化を促進することは、ジェンダー平等を達成するためのアプローチであるジェンダー主流化の実践として理想的であると思っていた。しかし、実際には、ジェンダー研修を実施したり、ジェンダー視点からコメントをしたりする度に、他部署から嫌がられていた。「ジェンダー視点を組み込む」ということが、具体的に何をどのように行えばいいのか、どの部署も自分たちの案件で忙しい中で余計な仕事と捉えられていたのだろう。各部署はジェンダー研修への参加者人数を報告することになっていたが、ジェンダー研修の参加者はジュニア専門員や、他の契約ベースのスタッフで、JICA職員の参加は新入職員を除けば少なかった。

ジュニア専門員の面接時に「任期中に妊娠した場合は退職するように」と説明された。また「JICA派遣専門家は、妊娠の際には業務が出来ないので辞めるのは当たり前」と言われていた。当時、JICA職員は手厚い産前・産後休暇を取得できたが、正規職員以外の契約ベースで働くジュニア専門員や派遣専門家には認められていなかった。また、青年海外協力隊には単身赴任の原則があり、同時期に協力隊に合格した夫妻が別々の国に派遣されていた。アメリカの平和部隊（青年海外協力隊と同じような途上国でのボランティア派遣事業）は、夫妻で同じ任地で活動している。JICA職員の女性が別の政府機関に務める配偶者の途上国転勤に際し、仕事を辞めて配偶者についていく例もあった。JICAもその国に事務所があるにもかかわらず、なぜ、配偶者と同じ国に配属できないのだろう。国連機関では夫妻で同じ国に赴任できるよう考慮されている。現在は変わっていることを願うが、このような制度では、キャリアを積んできた女性が仕事を辞めざるをえなくなってしまう。配偶者と別々の国に赴任しても仕事を続けるという選択もあるだろうが、多くの場合、女性が仕事を中断しているのではないだろうか。また、ジェンダー主流化を組織として進める意志があるなら、正規職員以外の「外部要員」の環境にも配慮が必要だろう。

ジェンダー課題別指針のビデオ作成

2004年2月、JICAに入って初めての海外出張の機会を得て、セネガルへ向かった。「課題別指針」という各分野の課題ごとの方針が示された文書があり、ジェンダー分野の課題別指針を映像で伝えるため、複数のプロジェクトを訪問し映像に収めてくるという目的の出張だった。当時の課題別指針では、ジェンダーに関するプロジェクトを4つに分類していた。①女性の参画促進および女性が参画しやすい環境の整備、②女性の能力強化支援、③女性が現在直面している実際的なニーズを満たす支援、④ジェンダー平等を推進する政策・制度支援である（JICA, 2002）。

1つ目の女性の参画促進および女性が参画しやすい環境の整備支援については、子どもセンターという就学前教育を行う施設の活動を取り上げた。子どもを預けることで、女性が経済活動に従事しやすくなっていた。また、ダカール魚市場に集まる女性を対象にしたマイクロクレジットの活動も取り上げた。女性が高利貸しからではなく、マイクロクレジットでお金を借りることで、経済活動を開始したり拡大したりしやすくなっていた。このことが、女性が参画しやすい環境の整備に相当する。2つ目の女性の能力強化支援については、先述の子どもセンター利用者の母親を対象に、染色の技術を学んだり、識字教室を実施したりという活動を取り上げた。他にも、農村での乾季の野菜栽培方法や、魚市場で魚をミンチに加工したり、漁港で魚を燻製にしたり付加価値を付けて販売する活動への支援を取り上げた。このような女性の能力強化支援は、従来から行われていたＷＩＤ（Women in Development）アプローチに基づくもので、女性に対する支援策として最もよく行われており、女性が何らかのスキルを習得し、経済活動を開始できるような支援である。３つ目の実際的ニーズを満たす活動への支援については、女性が手作業で行っている穀物を粉にする作業を、製粉機を導入することで労働の軽減に繋げたり、女性が安全に出産できるように支援したりという活動を取り上げた。実際的ニーズとは、性別役割分業に基づいた役割を遂行するために必要なニーズのことで、例えば、女性の実際的ニーズには、女性が従事することが多い家事、育児、介護の役割を実践するために必要なことが挙げられる。女性（あるいは男性）が、直面している課題に対応するものとなるが、従来の性別役割分業を再生産するだけで、ジェンダー間の不平等な力関係を生み出している社会構造を変革するものではない。４つ目のジェンダー平等を推進する政策・制度支援としては、相続や婚姻などジェンダー不平等を生み出すような法律や制度を改善する支援や、ジェンダー平等を推進する行政機関への支援等が考えられるが、これに該当するＪＩＣＡの活動は、当時のセネガルでは行われていなかった。

写真２－１　セネガル：魚の加工品を作る女性グループ

出所：著者撮影。

セネガルにおけるＪＩＣＡのジェンダー平等に関連するプロジェクトを巡り、女性たちが主体的に自分たちの生活をよくしようと取り組む姿を見ることができた。ダカールの魚市場で、魚を加工し販売する女性組合の代表は、「女性たちは得た収入の一部を夫に隠している。自分で得た収入を魚加工のビジネスの拡大に使いたい。男性は妻が収入を十分得ていると思うと、自分のお金を渡さなくなる」と笑って答えてくれた。夫は世帯に必要な衣食住や教育費を支出する義務があり、妻は夫に従う義務があるとされる。魚市場の女性組合の女性たちは、マイクロクレジットへのアクセスを得て事業を拡大し、子どもの服や自分の化粧品など、好きに使えるお金ができて喜んでいた。この女性たちは魚市場で魚を購入し、その魚をミンチにして販売する経済活動をしているので、魚を購入する資金を先に確保しなければ、自分の経済活動をすることができない。一度に購入する魚の量が多いほど値引きしてもらえたり、魚を確保してもらえたりするため、女性たちは組合として、堂々と男性の卸売人と大声で交渉していた。また農村部では、多くの男性が都市部や海外に移民労働に出て不在で、村に残された女性たちが乾季の現金収入を得る手段として野菜づくりに励んでいた。夫が不在の状況で、自分と子どもたちの生活維持のため、家事、育児、自家消費用の農業に加えて、販売用の作物も栽培し経済活動を続けていた。セネガルで出会った女性たちは、主体的に生活向上に取り組んでいた。女性も開発事業の主体となれることを見聞できる出張となった。

2．ナイジェリアで「ジェンダーと開発」のプロジェクト形成

初めてのナイジェリア

ＪＩＣＡに入ってすぐに、ナイジェリアに出張するように上司に告げられていた。ナイジェリア連邦女性課題省の附属機関から、ジェンダーアドバイザーを派遣してほしいという要請だった。上司からは、「ジェンダーの案件形成に繋げる良い機会だから短期間でも行って欲しい」と言われ、２００４年3月、１ヶ月間の短期専門家としてナイジェリアに向かった。

出発前に「ナイジェリアはとても危ないので不用意に外出しないように」と、安全管理担当から念を押されていた。良いイメージを持てないまま、ロンドン経由でナイジェリアの首都アブジャに到着した。ロンドンからの便は早朝まだ暗いうちにアブジャに到着する。空港は街の中心から車で1時間ほどかかり、この道中に車両が武装集団に襲われる事件が起きていたため、空港から街の中心にあるホテルまで、大きなライフルを抱えた武装警官2名に護衛されて移動した。アブジャ市内には外資系の大手のホテルが2つあり、そのうちの1つであるシェラトンホテルに滞在した。JICA専門家は高級ホテルに宿泊するのかと思ったが、当時の治安を考慮すると妥当だと思う。

ナイジェリアは西アフリカにあり、日本の約2・5倍の広さがある。気候は南部から熱帯雨林、ギニアサバナ、スーダンサヘル、サヘルと4つに分かれる。多民族国家であり、居住している民族の数は300とも400とも言われる。主要な民族は北部一帯に住むハウサ、フラニ、南部に多いヨルバ、イボである。北部にはムスリムが多く、南部にはキリスト教徒が多いが、土着の宗教も存在している。長い間、各地に独自の王国が点在していたが、19世紀には次第にイギリスの植民地にされた。1900年に北部ナイジェリア保護領と南部ナイジェリア保護領が設立され、1910年には両者が統合され英領ナイジェリアとなる。そして「アフリカの年」である1960年の10月に、イギリスから独立している。独立後は7回の軍事クーデター

写真２−２　国立女性開発センター

出所：著者撮影。

やビアフラ内戦（１９６７年〜１９７０年）、共和制と軍事政権を繰り返し、１９９９年に民政に移管された。農業に従事する人が多く、ソルガムやミレット、トウモロコシなどの穀類の他、キャッサバやヤム等イモ類の生産が盛んである。またコメの栽培も広がっている。

私が初めてナイジェリアを訪れた２００４年当時は人口１億３、２８０万人、ＧＤＰは１、３５７億ドルであったが、２０２０年には人口２億６１４万人、ＧＤＰは４、３２２億ドルで、人口もＧＤＰもアフリカで最も多い（World Bank）。一方、１人あたりＧＤＰは２００３年には８５０ドル、ＵＮＤＰの人間開発指数では１７５カ国中１５２位で、貧困ライン以下の生活を送る人は２００１年には70・2％であった。

写真２－３　ナイジェリア：国立女性開発センターの同僚と

出所：著者撮影。

私の配属先は、国立女性開発センター（ＮＣＷＤ）という連邦女性課題省の附属機関だった。多くの途上国では１９９５年の北京女性会議（第４回世界女性会議）の後、先進国から奨励されてジェンダー主流化を推進するために女性省を創設している。しかし、ナイジェリアでは女性課題省の前身となる女性開発部が、連邦社会開発・青年・スポーツ省に設置されたのは１９７６年のことである。さらに１９８２年には開発と女性全国委員会が設立された。これは「国連女性の10年」が１９７６年から始まり、その取り組みの影響を受けたことによる。１９８６年には連邦教育省が全国に88の女性教育センターを設立し、これらが後の女性センターの前身となる。１９８７年には当時のババンギダ大統

表2－1　ナイジェリアにおける女性の地位向上に関わる取り組みの変遷

年	女性の地位向上に関わる連邦レベルの取り組み
1976	連邦社会開発・青年・スポーツ省内に女性開発部設置
1982	開発と女性全国委員会設立
1986	連邦教育省が全国に88の女性教育センターを設立（WDCの前身となる）
1987	ベターライフプログラム（BLP）開始；全国にWDC（女性センター）設立開始
1989	女性審議会設立
1992	BLP本部として国立女性開発センター（NDWD）が首都に設立
1994	ファミリーサポートプログラム（FSP）開始（1998年まで）
1995	女性審議会が格上げされ，連邦女性課題・社会開発省が設立
1999	民政移管。新憲法の発布。NCWDが連邦女性省付属機関となる
2000	国家女性政策の制定
2001	NCWDが全国WDCの現況調査
2006	全国女性評議会が「全国WDC活性化に向けたガイドライン作成」を決議国家ジェンダー政策の制定

出所：著者作成。

領の夫人が「ベターライフプログラム」を開始し、村落部の女性の生活向上を目的に全国に女性センターを設立し、そこを拠点として識字教育、洋裁や編み物などの所得創出スキル研修、保健衛生の研修等を実施した。大統領夫人の強いイニシアティブにより女性センターは短期間に全国に普及した。各州では州知事の夫人が、また州の下にある地方行政区では、地方行政区長の夫人が率先してベターライフプログラムを推進していた。このように、連邦、州、地方行政区と各レベルの執政者の夫人がイニシアティブを取ることで、女性センターは短期間に普及した。多額の予算が費やされ、ミシンや編み機、製粉機などの機材が女性センターに設置され、女性たちは無料で職業訓練を受けることができた。その後、1989年に設立された女性審議会が、1995年には連邦女性課題・社会開発省となり、2004年に連邦女性課題省に改名された。連邦政府の省の中で最も影響力が小さく、2004年当時は同省の予算は国家予算の2%程度であった（表2－1）。

ベターライフプログラムの本部として首都アブジャに設立された国立女性開発センターは、1999年には連邦女性課題省の附属機関となった。アブジャの中心、ナイジェリア中央銀行のビルの正面にあり、1、200人収容できるホールや宿泊施設、レストラン、コンピューター室、大小様々な研修室、図書室、店舗用の建物など、設立当時、ベターライフプログラムの予算が大きかったであろうことが推測できる立派な施設である。これらの施設の中で、とりわけ大切にされている「名誉の殿堂」では、「ナイジェリアで女性初の○○」や著しい功績のある女性を毎年表彰し、その名前をプレートにして飾ってある。毎年、全国から候補者を募り選抜されて数人が殿堂入りする。例えば、「ナイジェリア女性初の連邦裁判官」「ナイジェリア女性初のパイロット」等である。地方で女性の地位向上を目指して活動してきた女性も含まれる。この名誉の殿堂を小学生が授業で見学に来たり、政府関係者や援助関係者が訪問したりしていた。ベターライフプログラム以降、大統領夫人が女性や子どもを支援対象とするプログラムを実施するようになった。1993年から1997年に大統領の職に就いたアバチャ大統領の夫人は、引き続き女性センターを各地に設立し、女性や子どもに対する啓発活動、職業訓練、託児施設や子どもの予防接種プログラムを推進する「ファミリーサポートプログラム」を展開した。1998年に政権に就いたアドゥルサファミ大統領の夫人は、自身がナイジェリア初の女性裁判官で、女性の権利推進と保護の団体を作り、女性の人権、有害な伝統的儀式や暴力を廃絶する活動を行った。民政移管後、1999年から2003年に大統領を務めたオバサンジョ大統領の夫人は、チャイルド・ケア・トラストという団体を設立し、子どもの保護、特に障害のある子どもを支援するプログラムを、同時期のアブバカル副大統領の夫人は、女性と子どもの人身取引を撲滅するプログラムを実施していた（注2）。これらは連邦女性課題省としての活動ではないが、ファースト・レディが女性のエンパワーメントに関連する活動を推進することは、ジェンダー平等への啓発として影響を与えていた。

初日から大喧嘩

ＪＩＣＡは相手国の要請に基づいて専門家を派遣する。そのため、赴任前に先方の要望を書面であらかじめ把握できる。しかし、私が見た要請書は随分曖昧な書き方で、「女性のエンパワーメントを支援して欲しい」程度のことしか書かれていなかった。初日にカウンターパートである調査研究部長に挨拶に行くと、まず「あなた達は何をやりたいのか？」と聞

写真２－４　ナイジェリア：初日に大喧嘩したカウンターパート

出所：著者撮影。

かれた。国立女性開発センターがＪＩＣＡに専門家派遣の要請を出してから2年近くが経過していたので、「今さら何をしに来たのだ」という怒りも混ざっていたのかと思う。私が「あなたたちが要請を出したから、私が派遣されたので、『あなた達は何をやりたいのか』と聞くのは私の方だ」と返答したところ大喧嘩になった。この時は私の任期はわずか3週間で、ＪＩＣＡの上司から説明された業務内容は、カウンターパート機関の現状把握と要請の確認、今後の連携可能性を探るというものだった。カウンターパートの立場で考えれば、長い間、ＪＩＣＡ専門家の赴任を待っていたのに、ようやくやってきた専門家が3週間しか滞在しないと知り、一体何がしたいのか？　という気持ちでいたのだと思う。また、後にカウンターパートに聞いたところ、国連機関や他の二国間援助機関は、自分たちがやりたいプロジェクトを示すため、「ＪＩＣＡは何がやりたいのか?」と問いかけたという。

この大喧嘩をしたカウンターパートとは、その後、打ち解けることができ、彼女は女性のエンパワーメント支援のプロジェクト形成に有益な意見を、いつも忌憚なく述べてくれた。彼女は北部に住むフラニという遊牧民の出身で、自身も子どものときは頭の上に物を載せてマーケットで売り歩いたという。学校に通うことは諦めずに続け、化学の博士号まで取得している。その専門性を活かした職場ではないと思ったが、女性のエンパワーメントの実現を目指したいのだと話してくれた。また、職場が嫌になっても、大学に戻って化学を教えるから、いつでも職場を辞めることができると笑っていた。日本では理系に進学する女子の割合が低いという問題があるが、ナイジェリアでは女子が高等教育を受けづらい問題はあるものの、高等教育を受ける女子学生が特に理系に進学しづらいということはない。彼女によれば、高等教育を受けたい女子学生は医学や物理、化学といった分野を希望するという。高学歴の女性であっても世帯内では夫に従い、夫が「ＮＯ」と言えば、夫に反する行動はできないと言い、それは自分たちの文化なのだと、「文化」で説明していた。一方、イスラームの教えでは女性の教育は奨励され、女性が経済活動に従事し自分の財を管理することも認められていると言い、宗教を理由に女性の社会経済活動を制限しようとするのはコーランの解釈を誤っていると憤っていた。

その後、彼女は連邦女性課題省に異動し、2007年から始まった技術協力プロジェクト実施中には、女性課題省の女性局長となりプロジェクトにいつも協力してくれた。女性課題局局長として在籍中に、「国家ジェンダー政策（National Gender Policy）」を策定する功績を残した。その後、私が技術協力プロジェクトのフェーズ2に従事するため2013年に再度赴任した際は、連邦女性課題省の事務次官（行政職のトップ）としてプロジェクトを支援してくれた。

ナイジェリアに深入りする

1ヶ月のナイジェリア出張が終わり、すっかりナイジェリアの魅力に取り憑かれていた。同じ年の9月から2ヶ月間、今度はナイジェリアのＪＩＣＡ事務所で短期の企画調査員として赴任した。この2ヶ月の間に、ジェンダー課題アドバイザーの長期専門家派遣を国立女性開発センターと検討し、2005年の6月から、自分自身が長期専門家として1年間首都アブジャに滞在することとなった。今度はホテルではなく家具付きのサービスアパートメントに暮らした。3度目のナイジェリア滞在となり、また1年間の任期となったことで、国立女性開発センターの同僚たちとはさらに親しく接するようになった。ナイジェリアは治安が悪く活動は大変だという評判ばかり聞いていたが、実際に現地に滞在すると、街中で武器を所持しているような人に出会うこともなく、道に迷ったり困ったりすると周囲の人達が助けてくれていた。物やお金を要求されることはあっても、丁寧に断れば相手が引き下がっていた。職場の同僚たちは、いつも皆でおしゃべりしたり、テレビを見たりと呑気に過ごしていたが、上司からの指示が来れば張り切って仕事に取り組んでいた。お互いに議論することが好きなようで、些細なことでも言い合いになっていた。最初は喧嘩しているのかと驚いたが、ただ大声で怒鳴りながら議論していることが分かると、言いたいことを言い合える同僚の関係が羨ましくなった。

ナイジェリアは36の州と首都アブジャのある連邦首都領域（ＦＣＴ）から成る。36の州は6つの政治的地理区分に分かれ、北東、北西、北部中央、南東、南西、南南と呼ばれる。首都アブジャに住んでいる私の同僚たちは、みな出身の州があり、家族は州で暮らし、本人は週末だけ自分の州に戻る生活をしている人も多かった。この「自分の州」という考え方は、プロジェクト対象地域を選定する際に面倒なものだった。誰もが自分の州でプロジェクトを実施して欲しいと個別に頼みに来る。また、自分の州が選ばれないのは自分のせいではなくＪＩＣＡが決めたからと説明して欲しいなど、自分の州での立場をとても気にしていた。こ

写真２－５　ナイジェリア：国立女性開発センタースタッフと研修参加者

出所：著者撮影。

れは私の配属先の同僚だけでなく、中央政府の役人も同じだった。２００５年当時、北部ナイジェリアは南部に比べれば治安が落ち着いており、首都アブジャに接しているナイジャー州、カドゥナ州、北部のカノ州の３つの州をプロジェクト対象地候補とし、女性センターを訪問していた。カノ州は北部の中心地であり、貧困がより深刻で、州女性省が積極的だったことから有力候補となった。

国立女性開発センターは、全国の女性センターを再び女性のエンパワーメントの場として機能させたいと考えていた。１９８０年代後半から１９９０年代半ばに大統領夫人の強いイニシアティブで全国展開した女性センターは、その後、国家プログラムではなくなり、予算も人員も不足し次第に荒廃していた。2001年から2005年にかけて全国の女性センターの現況調査を実施し、36州のうち22州の調査で499の地方行政区に519の女性センターが存在することが分かった。国立女性開発センターが調査結果を全国女性評議会（連邦女性省大臣が主催し、各州の女性省長官等が集まり、1年に1回ジェンダー課題を協議する）に報告した。そして2006年の全国女性評議会で、国立女性開発センターが全国女性センターの活性化に向けたガイドラインを作成することが決議された。これが、2007年から始まる技術協力プロジェクトによる女性センター活性化支援の根拠となった。

カノ州を含む北部ナイジェリアの主要民族はハウサである。ハウサは多民族国家ナイジェリアの中でも最も人口が多い。ハウサの大半はイスラームを信仰している。カノ州では2002年にシャリーア（イスラーム法）が州の法律として適用されるようになり、よりイスラームの戒律を厳しく実践するようになった。また、2003年にはヒスバと呼ばれる組織が、シャリーアの実施を強化するため人々の行動を監視するようになり、女性の戸外での活動や移動、可視性が制限されるようになった。外国人や他の民族の女性に対して服装や行動を制限するものではなかったが、男性の同僚を連れて女性宅でインタビューすることを嫌がる人はいた。ハウサは父系で家父長制が強く、年長の男性を家長とする一夫多妻制で、同じ敷地内に第一夫人の家屋、第二夫人の家屋があり、夫は決められた順番で妻の家屋を訪れていた。夫の食事は、夫が訪問する妻が準備することになっていた。妻ごとに自分の家屋に台所があり、料理など家事を協働することはなかった。カノ州女性省の職員によれば、同じ敷地内に複数の妻がいることで諍いが起こるため、第二夫人には別の家を別の場所に与えるという男性もいるという。それだけ複数の妻同士の揉め事は日常に起こっていた。

コミュニティには行政機構とは別に伝統的リーダーが存在する。ハウサの伝統的リーダーは4階級に分かれ、一番上位がサルキ（Sarki）、行政機関である地方行政区に相当する範囲を管轄するハキミ（Hakimi）、その下に地区を管轄するダガチ（Dagachi）、その下にコミュニティを管轄するメイウングア（Maiunguwa）がいる。大きな屋敷に住み、地元住民の相談やアドバイスを引き受け、日常の揉め事の仲裁をする。カノ州は古い歴史ある地域で、北部のハウサが多い地域の中心部として栄えてきたため、選挙で選ばれる知事や区長ではないが、伝統的リーダーが住民に与える影響力は大きい。女性に対する支援をする際にも、コミュニティの有力者である伝統的リーダーや宗教的リーダーを味方につけることが必要となる。外国人がコミュニティを訪問したことは瞬く間に広まるので、伝統的指導者を訪問しないことは大変失礼にあたる。この伝統的リーダーが住んでいる家はハウサの伝統的な家屋で、初めて訪問した際は美しいレリーフに圧倒された。毎年、イスラーム最大のお祭りの際に、カノ州の伝統的リーダーの長であるエミーアと呼ばれる首長の宮殿で、ダーバと呼ばれる催し物が開催される。カ

写真2－6　ナイジェリア：カノ州の伝統的祭り（ダーバ）

出所：著者撮影。

ノ州中の伝統的リーダー達と、その家系の男子約5,000人が伝統的衣装で着飾り、同じように飾りを付けた馬に乗ってパレードをする。さらに翌日は、州知事の官邸に、エミーアをはじめ、伝統的リーダーたちが挨拶に向かうため、カノ市内をパレードする。これを見物することは、普段、外出に制限がある女性たちにとって貴重な外出機会となっていた。

カノ州の中でも村落部にある行政区で、女性センターを夜に開講したいという地区があった。女性にとって夜のほうが安心して通えるという。夜のほうが危ないと考えがちだが、女性にとっては他の人（男性）から見られないため、夜のほうが安全なのだという。コミュニティにはイスラミーヤと呼ばれるコーランの読み書きを教える場があるが、イスラミーヤの中には確かに夜間に行っているところもある。女性センターの中には、独自のユニフォームを決めているところがある。ユニフォームにはベールを被った女性と教科書とミシンの絵が描かれ、その下に、「モットー：教育と自立」と書かれてある。ユニフォームを着ていることで、コミュニティの人々から女性センターに通っていることが認識される。これは女性が不要に出歩くのを良く思わない環境下で、どこに行くのか、何をしているのか、周囲の人々から変な噂を立てられないような工夫である。またモットーは参加者女性の学習と自立への意識を高める効果があるという。

ナイジェリアにはＮＹＳＣ（Nigerian Youth Service Corps：以下、青年奉仕団）と呼ばれるボランティア制度があり、大学を卒業すると1年間、公的機関などでボランティアに従事する。これは、１９６７年から１９７０年にナイジェリアで起こったビアフラ内戦の後、国民の再融和を目的の1つとして１９７３年に開始された制度である。現在では若者の育成を主な目的とするが、ナイジェリアの異なる文化を体験するよう南部出身者は北部へ、北部出身者は南部へ赴任することが奨励されている。この青年奉仕団はナイジェリアの若者にとって出会いの場ともなっている。ノリウッド（ナイジェリアのドラマ）にも度々青年奉仕団は登場し、青年奉仕団同士のカップルや、青年奉仕団と赴任先の職場の人とのカップルなどが描かれている。いくつかの女性センターにも青年奉仕団が勤務していた。南部出身でＴシャツにジーンズ、頭にスカーフも巻いていない彼女達は、北部カノ州の女性たちにはどのように映ったのだろう。移動の自由があり活発に活動するボランティア達は、カノ州の女性達のエンパワーメントに影響を与えていたかもしれない。

国際社会は2015年までに達成すべきミレニアム開発目標（MDGs）として、8つの目標を2000年に設定した。ジェンダー平等は目標3に掲げられていたが、保健医療においてジェンダー平等に取り組まれているかを反映する指標として、妊産婦死亡率が挙げられる。これはミレニアム開発目標の目標5「妊産婦の健康の改善」の中でターゲットの1つとされていた。妊産婦死亡率とは、10万件の出生に対して妊娠や出産が原因で亡くなった妊産婦の人数である。日本のような先進国では3人から5人くらいだが、2005年当時のナイジェリアの妊産婦死亡率は1、080人である。ナイジェリアでは識字率や就学率、妊産婦死亡率や乳幼児死亡率などの人間開発にかかわる指標は、北部が南部に比べて著しく悪い。妊産婦死亡率をカノ州だけで見ると、1、500人（2004年）に上る。1人の女性が産む子どもの数を表す出生率は、カノ州を含む北西部で6・7人、出産間隔は31・3ヶ月で、初婚年齢は14・8歳、初産年齢は17・9歳である（NDHS、2003）。つまり、15歳前後で結婚し、18歳ころに第一子を産むと、その後は2年半ごとに出産を繰り返し30代半ばまでに6人から7人の子どもを産むことが、統計から分かるカノ州女性の人生である。

女性の外出に制限があるため、妊産婦検診が無料で実施されていても受診できない女性たちがいる。出産が近づいても病院に行ったり、伝統的産婆を呼びに出かけたりすることが間に合わず、1人で自宅出産し、何らかの問題が生じて命を落としたり病気になってしまったりという問題が起こっている。その1つがフィスチュラである。フィスチュラ（Fistula、産科瘻孔）という病気をナイジェリアで初めて知った。カノ州を訪問した際に、「女性が抱える課題にはどのようなものがあるか」とカノ州女性課題省で尋ねたところ、フィスチュラという答えが返ってきた。出産時に胎児が産道に詰まってしまうために生じるもので、若年出産が要因の1つといわれる。13歳から15歳くらいの若年で結婚・出産することも珍しくないカノ州ではフィスチュラの患者が多く、フィスチュラ患者のためのセンターがあり、手術を待つ患者と手術後の患者の安静の場を提供している。また、手術後の患者が自立できるよう洋裁や編み物の職業訓練も提供しており、女性センターと共通する問題である、機材や材料の不足と講師のスキル不足を抱えていた。

ジェンダー研修

ジェンダー課題アドバイザーの長期専門家の業務の1つは、配属先の同僚や関係機関の公務員に対して様々なジェンダー研修を実施することだった。ジェンダー研修は、ジェンダー

写真２－７　ナイジェリア：研修に取り組む同僚たち

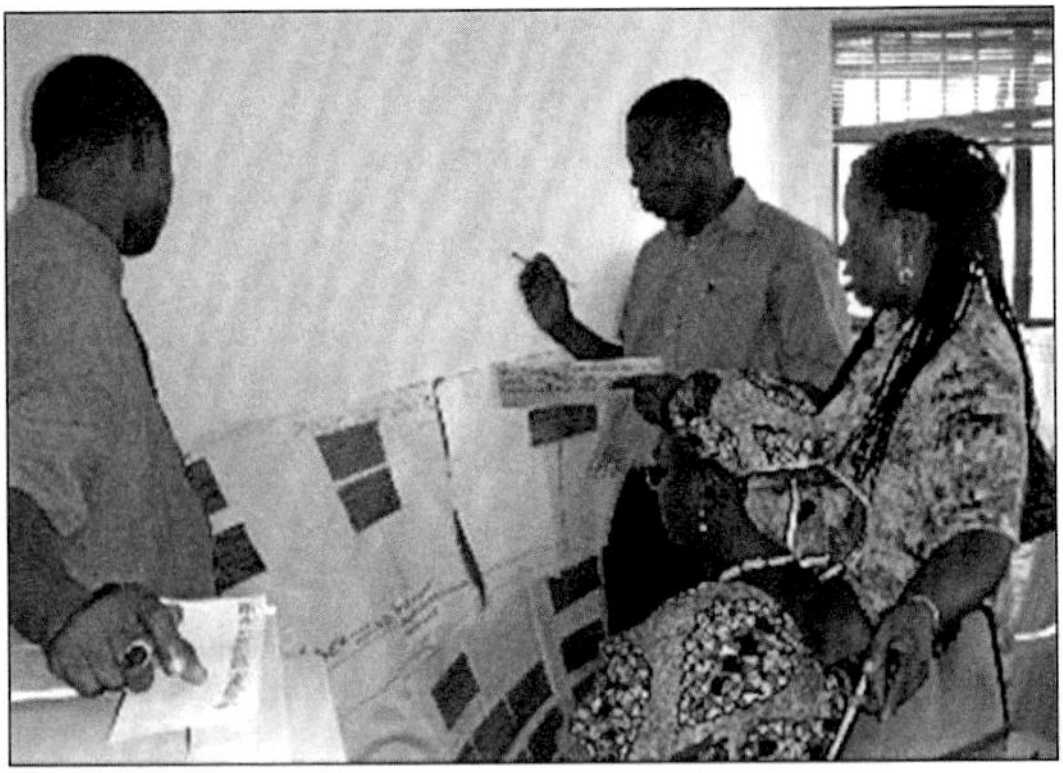

出所：著者撮影。

平等と女性のエンパワーメントの実現に向けて、ひとりひとりが内在化されたジェンダー規範を認識し、ジェンダー平等を阻む規範を変えていくよう行動を促すために実施していた。具体的には、ジェンダーとは何か、性別役割分業とは何で、どのように私達の生活に影響しているのか、ジェンダーの視点を開発プロジェクトに組み入れるとは何か、事例を通して参加者がディスカッションをしながら学ぶようにした。同僚もカノ州の関係機関の職員も、みな議論好きなのでディスカッションの時間はいつも大いに盛り上がっていた。

ジェンダー研修で使用する事例はナイジェリアの女性センター訪問時に、参加者の女性たちや女性センター職員から聞いた話を基に作成していた。今でも授業で使用している事例に「ハンナトゥの物語」がある。これは、ナイジェリア北部に住むハンナトゥという女性が、夕食のスープにお肉が入っていないからと夫に殴られるという話で、このような女性を救うためには何をすればよいかを研修参加者に考えてもらう。ナイジェリア北部の性別役割分業は、夫が稼ぎ衣食住のすべてを賄うこと、妻は夫に従い、家事・育児を担うこととされる。ハンナトゥは夕食を作るという妻の性別役割分業を遂行しているが、夫はスープに入れる肉を提供するという夫の性別役割分業を遂行できていない。それにもかかわらず、妻は夫に殴られてしまうという状況である。この事例はナイジェリアの北部の人々からだけではなく、南部の人々からも、「ハンナトゥはそこら中にいる」と共感されていた。夕食の材料を提供する役割を果たさない夫が悪いとハンナトゥが夫を非難したとしても、さらに殴られてしまうことが明らかな状況で、外部者は何ができるのかを参加者はあれこれ考える。最初は「夫が悪い」「夫と離婚すべき」と夫をただ非難する意見が多く出てくるが、次第に夫がお肉を買わない理由を分析するようになる。本当にお金がないのであれば、稼ぐ役割を果たせないことは夫のプライドが許せず、暴力を振るうのではないか、お金はあるが他のことに費やしているのではないか等である。さらに、原因によって対応策も異なるということにも気付いていく。また、妻も収入を得て自分で食材を調達すべきで、そのためには女性が教育を受け、収入を得られるスキルを習得すべきという意見も多い。そうすると、女性省や女性センター職員たちは、自分自身の職務が与えられる影響について話し合うようになっていた。

「ジェンダーと開発」の用語の説明も事例に基づくと理解されやすかった。人々のニーズは「実際的ジェンダーニーズ」と「戦略的ジェンダーニーズ」に分けて考えられる。前者は対象となる社会において、人々が性別役割分業に基づく役割を遂行するために必要なニーズを意味し、例えば、ハンナトゥの例であれば女性が料理を担うので、食材へのアクセスは女性の実際的ジェンダーニーズとなる。女性自身が収入を得られるよう教育を受けたり、収入を得るスキルを習得したりすることも、実際的ジェンダーニーズとなる。一方、後者は現在の不平等な社会構造・社会関係を変えていくためのニーズで、ハンナトゥの例であれば、夫からの暴力から保護され自立することや、世帯内のお金の使い道を妻も一緒に決めることが、女性の戦略的ジェンダーニーズとなる。実際的ジェンダーニーズを満たすような支援が大きな反対に合うことは少ないが、戦略的ジェンダーニーズは現在ある不平等な社会関係の変革を目指すため、既得権益を持つ男性から反発を受ける。女性省に勤める職員からでさえ、「意思決定をするのは男性」「妻が夫に従うことは義務」と、既存のジェンダー規範を変えていこうという意志はなかなか生まれてこない。女性たちも男性からの反発を予想しているので、「私達にできることは、識字教室や洋裁・編み物の研修を女性たちが無償で受けられるように支援すること」という回答に落ち着く。まずは実際的ジェンダーニーズを満たすような支援を始め、次第に戦略的ジェンダーニーズを目指せるようになればよいと思うが、ハンナトゥのような女性たちを思い浮かべると、結局、不平等な社会関係を変革しようとした際の反発は、彼女たちに降りかかるため、「女性センターを支援する」というのは現実的な回答だと思った。

ジェンダー研修は、国立女性開発センターの同僚たち、カノ州女性省の職員や女性センターのスタッフに加えて、全国36州のうち22州の州女性省職員と州議会女性局の議員に対しても実施した。この研修は各州の政策に携わる人々を対象としたので、国立女性開発センターの同僚とともに、女性差別撤廃条約（CEDAW）を主に取り上げた。女性差別撤廃条約とは、正式名称を「女性に対するあらゆる形態の差別の撤廃に関する条約」といい、1979年12月に国連総会で採択された国際条約である。男女の完全な平等の達成に貢献することを目的として、女性に対するあらゆる差別を撤廃することを基本理念とし、具体的には、締約国に対し政治的および公的活動、経済的および社会的活動における差別の撤廃のために適当な措置をとることを求めている（外務省）。ナイジェリアは1985年にこの条約を批准している。ナイジェリアでジェンダー平等のために活動する人々は、この女性差別撤廃条約を国内法に適用させようと活動しており、同僚の1人もこの活動の中心人物だった。

写真2－8　ナイジェリア：女性センターで調査をする同僚たち

出所：著者撮影。

JICA専門家としての生活

1ヶ月や2ヶ月の出張と違い、アパートを借りて1年間住むという経験は、ナイジェリアへの理解と愛情を深めることとなった。また、青年海外協力隊や国連ボランティアと違い、JICA専門家として国際協力に携わることは、「援助とは誰のためにあるのか」をマクロレベルで考える経験にもなった。ジェンダー課題アドバイザーとして活動しながら、その後の技術協力プロジェクトの案件形成に向けて関係機関と幾度も協議を重ね、現地調査を繰り返したことは、これまでボランティアレベルで国際協力に携わっていたときとは異なる能力を向上させることに役立った。

治安が悪いとされる国で活動することは、自分の身の安全に関わるだけではなかった。

日本は軍事政権時代に援助を中止しており、1999年の民主化以降、ようやく援助が再開され、私は再開後初のJICA長期専門家として赴任した。そのため、私の身に危険が及ぶと、今後の援助の行方にも影響する可能性があるから行動に気をつけるように言われていた。同じ通勤経路を使わない、同じ時間帯に決まった行動をしない、特定の地域には足を踏み入れない、むやみに現地の知り合いを増やさない等々、青年海外協力隊のときのように無邪気に現地の生活を楽しむことは出来なかった。また、健康維持も、20代半ばの青年海外協力隊の頃とは違って意識して取り組んだ。青年海外協力隊の際は大きな病気も怪我もせず、マラリアに罹ったこともなかった。ナイジェリアでは長期赴任を開始して2ヶ月後に40度の高熱を出して動けなくなった。熱が上がったり下がったりして体力を奪われ、悪寒がして家にある服を着込み布団に包まったが、震えが止まらなかった。暑い国への赴任だったため冬服をほとんど持っておらず、アパートにも厚手の毛布はなかった。幸いナイジェリアには日本大使館があるので、医務官に診てもらい点滴を受けて回復した。結局、マラリア検査をしたが陰性で、何が原因で高熱を出したのかは分からなかった。

このマラリア疑い以降、特に大きな病気も怪我もせず、無事に1年間の任期を終え、2006年5月に帰国した。帰国の翌日からJICA本部に出勤し、今度は社会開発部という社会開発に関わる案件を扱う部署に配属になった。11月末までの3年間のジュニア専門員としての残りの任期は、ナイジェリアでのジェンダーと開発の技術協力プロジェクトの準備に追われ、11月初めから3週間のナイジェリア出張でプロジェクトの準備も完了した。結局、3年間のジュニア専門員の期間の大半はナイジェリアと関わっていた。

3．JICA技術協力プロジェクトによる女性支援

プロジェクトの概要

2007年1月下旬、再びナイジェリアに向かった。JICAの3年間の技術協力プロジェクト「女性の生活向上のための女性センター活性化支援プロジェクト」の長期専門家として赴任した。国立女性開発センターがカウンターパートであるため、職場も同僚たちも慣れ親しんでおり、温かく帰郷を歓迎された。技術協力プロジェクトには、プロジェクトが終了するまでに達成すべき「プロジェクト目標」と、プロジェクト終了の数年後に達成すべき「上位目標」がある。このプロジェクトの目標は「プロジェクトの経験に基づき、女性センター活性化マネージメントのために効果的なGuiding Frameworkが国立女性開発センターによってつくられる」というものだった。言い換えれば、女性センターが活性化される仕組みを国立女性開発センターが担う状況を作り上げるということである。当時から、このプロジェクト目標の文言は分かりづらく、ナイジェリア人の同僚も意味を理解していなかったが、

JICA担当者の意向が強く妥協せざるをえなかった。上位目標は「女性センターがより良く機能することを通じてナイジェリアのコミュニティレベル、世帯レベルで女性のエンパワーメントが向上する」であった。上位目標は、プロジェクト終了後に達成する予定という位置づけなので、あまり文言にこだわらなかったが、女性センターに女性が通うことと、世帯レベルで女性がエンパワーメントを向上させることの間には何重にも壁があると思う。

通常、技術協力プロジェクトでは、PDM（プロジェクト・デザイン・マトリックス）と呼ばれる、プロジェクトの目標、成果、活動、人員や機材などの投入、達成度を図る指標などについて一目で分かる4列4行の表を、プロジェクト関係者と一緒に作る。このPDMはプロジェクトの進捗とともに見直し、修正していく。例えば、「女性センター講師に対するスキル向上研修を実施する」「女性センターに必要な機材を供与する」「住民への女性センター啓発活動を実施する」などの複数の活動が実施されることによって、「女性センターが活性化する」という成果に繋がるというように、活動と成果の間には手段と目的という関係がある。同じように、「女性センターが活性化する」「プロジェクトに関わるスタッフの能力が向上する」などの複数の成果が達成されることによって、前述のプロジェクト目標に繋がるというように、ここでも成果とプロジェクト目標の間には手段と目的という関係がある。このように、PDMはプロジェクトの活動から成果、目標、さらには上位目標と、各段階が「〜が実施されれば、〜が達成される」と説明できる。また、各段階が達成できたかを測る指標もプロジェクト形成時に決められ、プロジェクト実施中は定期的なモニタリングによって、その指標に適したデータを収集する。この3年間のプロジェクトは、前半にカノ州6カ所の女性センターを対象に活動し、これらの女性センターの活性化を促し、後半に女性センター活性化のグッドプラクティスを収集し、女性センター活性化ガイドラインを作成することに主眼が置かれた。

女性センターの活性化とは、どのような状態になればいいのか。プロジェクトでは3つの視点から女性センター活性化を捉えた。「女性センターのサービスの質の向上」「女性センターに対する肯定的認識の向上」「女性センターのマネージメント能力の向上」である。

女性センターのサービスの質の向上

女性センターが提供しているサービスはセンターによって異なるが、洋裁と編み物は多くのセンターで開講されている。その他、調理、染色、石鹸やロウソクづくり、また識字のクラスもある。3ヶ月から6ヶ月程度のコースが多いが、1年以上通う女性もいる。女性センターは地方行政区と呼ばれる行政機関が管轄しており、女性センター講師の給料、機材や材料費、施設のメンテナンスの費用など女性センターに関わる費用を地方行政区予算から支出している。しかしミシンや編み機などの機材の多くは1980年代から1990年代の女性センター開校時に供与されたもので、壊れても修理せず放置されていたり、職員の給料が十分に支払われていなかったりという問題を抱えている。また生地や毛糸などの材料費もないため生徒が持参している。女性センターの多くは無料で開講されているため生徒にとっては良いが、女性センターの運営にとっては地方行政区からの予算に頼らざるをえなくなる。また女性センター講師の洋裁や編み物などのスキルのレベルが十分ではないという問題もあった。女性センターに通う女性たちは、洋裁や編み物のスキルを学んで、卒業後は自宅で洋裁や編み物の製品を作って売るという経済活動を始めたいと望んでいた。しかし、ミシンや編み機を購入することは多くの女性達には難しく、女性センターに対して卒業生への支援を求める声は多かった。このように女性センターのサービスの質は良いものとは言えず、そのため女性センターに通っても何も出来ないという評判にも繋がっていた。

このような状況に対して、プロジェクトでは女性センターのサービスの質の向上のため、各女性センターにミシンや編み機、製粉機などの機材を供与し、女性センター講師を対象とした様々なスキルトレーニングをプロジェクト期間中に数回実施した。洋裁や編み物のスキルアップにより、様々な種類の作品を教えられるようになり、皮革工芸や刺繡などの新しいスキルも女性センターの科目に追加できるようになった。またミシンや編み機のメンテナン

写真２－９　ナイジェリア：女性センターに集まる女性たち

出所：著者撮影。

ス研修もあり、機材の定期的な点検と簡単な修繕を自分たちでするように促した。機材の仕組みを学んだことで、これまで動かなくなった編み機を力任せに動かして壊してしまっていたが、定期的に油を注したり、糸くずやホコリを除去したりすることで、機材を大切に使うようになったという。さらに、自分たちのコミュニティから遠くに行く機会が限られる女性センター講師を、首都アブジャや他の州の女性センターへスタディー・ツアーに連れていき、先進的な取り組みを見てもらった。これは大いに刺激になったようで、その後、女性センター講師が自分たちのセンターの独自の取り組みを考えるようになっていった。

また卒業生支援について、カノ州女性省職

員や国立女性開発センター職員とも議論を重ねた。女性センターに卒業生用の部屋を設け、プロジェクトで機材を供与し卒業生が使用できるようにするという案と、優秀な卒業生を選び機材を供与し、一定期間の間に機材の金額を返済してもらい、その資金で新たに機材を購入し同じように卒業生に供与していく、という2つの選択肢についてメリット・デメリットを話し合った。特にカノ州女性省職員からは、外出に制限のある女性が卒業後も女性センターに通うことは難しいと提言があり、機材を供与するという案が選ばれた。そして卒業生を選ぶ基準について、返済期間と返済額、返済できるように活動をモニタリングすることなどが話し合われた。これはマイクロファイナンスを機材の形で行うものと同様で、卒業生をよく知る女性センター職員が返済の管理を担うことで、返済からの脱落を防ぐことになる。洋裁を学んだ女性が仕立て屋を始めたいと思っても、13,000ナイラ（当時約100USD）ほどのミシンを購入する最初の資金がなく事業を開始できないが、仕立て屋を開始できれば、仕立ての注文を受け毎月1,000ナイラずつ返済することは十分に可能だという。そうであれば13,000ナイラを返却することは難しくないだろう。ナイジェリアでは洋服を着る人もいるが、自分で生地を買って仕立て屋に注文する人も多く、特に北部のハウサの人々の間では洋服はあまり見られなかった。そのため仕立て屋が必要になる。男性の仕立て屋はマーケットに店を構えているが、採寸をするため女性は女性の仕立て屋を選ぶことが多い。仕立ての仕事は家の中でできるため、女性センター生徒にとって卒業後の憧れの経済活動だった。100ドルでミシンを購入できるなら、その費用をマイクロファイナンス機関から借りられないのかと思ったが、女性センター生徒にとっては州都の街中にあるマイクロファイナンス機関は遠く、外出制限もあり乗り合いタクシーで出かけることは難しい。またマイクロファイナンス機関にとって100ドルは少額過ぎて取り扱わない。女性センターはそれぞれの地方行政区にある銀行に女性センター名義で口座を開設し、機材の貸付を受けた卒業生からの返済金を貯めるようになった。女性センター講師が卒業生の家を訪問してビジネスの状況を確認し、問題を聞いて返済を励ました。支援を受けた卒業生は毎月決められた金額を女性センターに返済し、女性センターは溜まった返済金で次の卒業生のために新たな機材を購入するようになった。支援対象となる卒業生の選定も出席率やスキルのレベルなど誰もが納得できる基準で行われ、生徒は支援対象となれるように張り切って学ぶようになった。このようにして卒業生支援は現役の生徒を励まし、卒業生の起業を後押しするように機能していった。

女性センターに対する肯定的認識の向上

女性の社会経済活動を良く思わない地域で、どうしたら女性達が女性センターに通えるよ

写真２－10　ナイジェリア：伝統的・宗教的リーダー

出所：著者撮影。

うになるか、女性の活動を男性が支援するようになるか、プロジェクトでは当初から、コミュニティが「女性センターは良いところだ、通いたい、妻を通わせたい」と思うこと、つまり肯定的認識が向上することが大事だと考えていた。女性が自由に外出することが難しいため、「女性センターなら外出してもよい」と夫やコミュニティの宗教・伝統的リーダーに認識してもらわなければ、女性達が通うことは難しい。また女性達も女性センターで何を出来るのか分からなければ、わざわざ夫に「女性センターに通いたい」と言い出さない。

外出に制限のある女性たちは家でラジオから情報を得ているため、プロジェクトではラジオを使った広報・啓発活動を実施した。第

写真２－11　ナイジェリア：女性センター生徒と夫による寸劇

出所：著者撮影。

１回目は国立女性開発センター所長、カノ州女性省女性局長、ＪＩＣＡナショナルスタッフが出演し、プロジェクトの概要をハウサ語で説明した。２回目以降は、伝統的リーダー、宗教的リーダーなどコミュニティで影響力のある人々、さらに女性センター講師、生徒や夫、女性センターで学んだスキルを活かして経済活動をする卒業生などが登場した。ラジオ番組を開始して３ヶ月後に対象地域で実施したモニタリング調査では、調査した２２０人のうち、１９７人がラジオ番組を聴いていた。そのうち女性センター生徒は92%（１１８人中１０８人）、生徒でない女性は90%（60人中54人）、女性センター生徒の夫は83%（42人中35人）が聴いていた。「女性センターに入学しやすくなった」「女性センターで学ぶことの重要性が認識された」「夫の許可が下りて通えるようになった」「プログラムは教育的で良い情報だった」と好評だった。

プロジェクト開始から1年が過ぎた頃に、各女性センターでコミュニティーの男性女性を巻き込んだ啓発イベントを実施した。地方行政区長や伝統的リーダーのスピーチや女性センター生徒作品の展示の他に、女性センター生徒による寸劇が披露された。この寸劇は興味深い内容だった。

A地区：ある女性が夫に「女性センターに通いたい」と言うが、夫が「絶対ダメ」と反対する。その女性は「女性センターに通っている友達は、字も読めるようになったし、洋裁も出来るようになった」「日本からの支援で機材がちゃんとあるし、授業がちゃんと行われている」と、他の女性達の話を持ち出して夫を説得しようとする。最後は夫が「分かった。通って宜しい」と説得される。

B地区：ある家で夫が妻と娘を呼び女性センターに通って勉強するように告げる。妻は「面倒くさいし、疲れるから、私は家でのんびり何もしないで過ごしたい」と言い、娘達は「母親が行かないなら私達も行かない」と言い出す。そして夫が女性センターに通うことのメリットを説明し、妻と娘を説得し、最後には母娘が女性センターに入学する。

C地区：ある家庭で夫が「随分とおいしい食事だなあ」と言うと、妻が「これは女性センターに通っている友達が持ってきてくれたの。センターで作り方を習ったそうよ。私も女性センターに通いたい」と言う。途端に夫が立ち上がり、「もう食べない！女性センターには通わせない！」と出て行く。それから男性同士の会合が始まり、女性センターが話題になる。女性センターに妻が通ったことのメリットや日本の支援があると聞く。最後には反対していた夫も妻を通わせるようになる。

D地区：ある女性センター生徒の夫が新聞を持って、近所の男性の集まりにやって来る。「女性センターとJICAのことが新聞に載っているぞ！」。しかし他の男性達は関心を示さない。すると、この男性は、「お前達はJICAを知らないのか」と、JICAについて、女性センターについて他の男性に説明する。それでも他の男性達は渋い顔をする。この男性の妻が「女性センターに通わせて欲しい」と夫に頼むが、「絶対に許さん！」と怒鳴りつける。それから、あちこちの男性の集まりで女性センターの良い評判が話されるようになり、最後には反対していた男性たちが競って女性センター校長のところに妻の入学を許可するようにお願いに来る。

E地区：ある男性が2人の妻と話す場面で、1人の妻は女性センター生徒で編み物製品を夫に見せる。それを夫が褒め、マーケットに売りに行こうと言う。一方、もう1人の妻は家に居てのんびりするのが好きと言い、夫が勧めても女性センターで学ぼうとはしない。夫は2人を比較し、女性が収入を得ることで家族の生活が豊かになると説く。

女性センターの生徒が男装して夫役を演じ、男性の話し方を真似て夫役を熱演し聴衆の笑いを誘っていたことは、厳格なジェンダー規範を考えると不思議だった。また生徒の夫が寸劇をした地区もあった。観客は男性も女性も寸劇を熱心に見ては笑いが起こっていたので、恐らく日常に夫と妻の間で繰り広げられる会話なのだろう。日常に起こることを第三者として見つめなおすことで、「妻が女性センターに通うのを許さない夫は良くない」というメッセージが伝わったのかもしれない。各地での寸劇を見て、また観衆の反応を見て、女性センターへのコミュニティからの肯定的認識は向上したと実感できた。

女性センターのマネージメントの向上

女性センター活性化の3点目はマネージメントの向上である。女性センターでは生徒の出席簿の管理、機材の保守管理記録、活動報告書の作成と提出など、整理整頓や文書管理といった事務作業が不十分だった。また校長、副校長、会計など役割が決められているものの、業務分担や意思決定の流れも明確ではなく、各講師の間で情報の共有も十分にされていなかった。プロジェクトでは、まず事務作業をする環境を整えるために、机やキャビネット、ファイルを供与し、女性センター講師に対して文書管理や活動報告書作成のためのマネージメント研修を実施した。国立女性開発センター職員や日本人専門家がカノ州の女性省職員に研修し、カノ州女性省職員が女性センター職員にハウサ語で同じ研修を実施した。プロジェクト期間を通して、このマネージメント研修は複数回行われ、州女性省職員が女性センターを巡回指導もした。また6カ所の女性センターの中でマネージメントに優れていた女性センターを他の女性センター講師が視察に行き、整理整頓されたオフィスを見てもらい、マネージメントの出来ている状態の女性センターへの理解を促した。

プロジェクトが進むに連れ、女性センター講師は生徒が作成した製品の販売記録、卒業生支援の機材貸付システムの返済金の記録、授業計画や講師・生徒の出席簿、地方行政区への月例報告書など、記録を付け書類を管理し、関係者に報告するという流れを理解するようになった。また、記録を付けることで翌年の活動計画や予算を具体的に作成できるようになり、女性センターのマネージメントは著しく向上した。

女性センター活性化ガイドライン

カノ州での女性センター活性化の経験に基づき、プロジェクト開始から1年経った頃から、女性センター活性化のガイドライン作成について国立女性開発センター職員で何度も検討を重ねた。多民族多宗教の広大な国ナイジェリアは、ジェンダーの課題も多様で、カノ州の経験は北部のイスラーム圏では役立つかもしれないが、南部のキリスト教圏ではまったく異なる問題が想定される。ガイドライン案が出来たところで、2日間の全国フォーラムを開催し、全国36州の州女性省と州地方行政省を招待し、ガイドライン案を発表した。全州の女性省や地方行政省の長官や高官を一堂に招集することは大変難しいが、17州から44名が参加した。参加者からは「女性センター活性化のためのプラットフォームを生み出してくれた」と好評だった。2回目の全国フォーラムは18州から38名が参加し、そのうち5州からは女性省と地方行政省の長官や事務次官といった両省のトップが参加した。参加者はグループに分かれて話し合った。2日間の協議の結果、「連邦・州・地方行政区の連携の必要」「女性センターの制度化を調整する機関の設置」「女性センターカリキュラムの標準化」「女性センターのモニタリング・評価ツールの開発」「全国女性評議会で女性開発オフィサーの業務の明確化を提言」「女性センター活性化のための十分な予算措置と専門スタッフの配置」「女性センター活性化の全国への普及」「州女性省大臣によるハイレベルの啓発・アドボカシーの必要」を明記した声明書が採択された。その後、国立女性開発センタースタッフと共にガイドラインを完成させた。２００９年の全国女性評議会で女性センター活性化ガイドラインの完成が報告され、連邦女性省からも承認された。

プロジェクト終了間際に、女性センター活性化ガイドラインのお披露目会が国立女性開発センターで開催された。ナイジェリア全国から13州の女性省・地方行政省の代表者が集まり、ガイドラインに目を通し、各州から質問やコメントが出された。ある州の女性局長は「初めて女性センター活性化という話を聞いたときは夢物語だと思いました。でも今日ガイドラインを手にして、現実に出来るという気持ちになりました」とコメントした。また、いくつかの州から自分の州の女性センターも支援が必要で、建物の修復や機材をＪＩＣＡに支援して欲しいという要望が出た。国立女性開発センターのカウンターパートである調査研究部長が、「このプロジェクトでＪＩＣＡが支援したのは女性センター関係者の能力の向上やコミュニティーの啓発活動である。建物の修復や機材は、各州が自分達で実施することだ」と説明した。ガイドラインの前文は連邦女性省大臣が寄せてくれ、全国の州の間に着実に女性センター活性化への関心が広がった。

モニタリング調査からの学び

プロジェクト期間中に、女性センター活性化の進捗を見るため、6ヶ月ごとに4回のモニタリング調査を実施した。6カ所の女性センターで、女性センター生徒120名、非生徒の女性60名、生徒の夫60名、コミュニティーリーダー60名に対する個別インタビューを毎回実施した。モニタリング調査は国立女性開発センター職員の調査能力の向上も目的としていた。質問内容が適切か、現地語に訳す際にどの単語を使うかなど、調査メンバー全員で統一するために、毎回、調査前に1日研修をしていた。英語と現地語のニュアンスが異なるため、いくつかの言葉については議論が白熱する。特に現地の女性から頻繁に聞かれる「Self-reliant（自立）」という言葉を経済面に限るのか、もっと広く捉えるのか意見が分かれた。プロジェクトの裨益者と1対1で話す機会はカウンターパートにとっても私にとっても貴重な機会だった。女性センター生徒や夫が、女性が洋裁や編み物を習い識字教育を受けることをどう捉えているのか、女性が収入を得ることを良いと思っているのか、女性の不要な外出を好まない環境で、女性センターに通うこと、妻を通わせることをどう思うのか、いろいろな意見が聞き取れた。個別インタビューでは様々な人に出会った。女性センター生徒の夫に年齢を聞いたところ、どう見ても50代だが「30歳にしといてくれ」と言って譲らない人がいたが、私たちとの会話を楽しみたいだけだった。女性センター生徒に「英語の読み書きが出来ます

写真２－12　ナイジェリア：モニタリング調査の
結果を説明するプロジェクトメンバー

出所：著者撮影。

か？」と聞いたところ、「次にあなたが来てくれるときまでに出来るようになりたい。そうすれば通訳なしで、あなたと話が出来るでしょう」と笑顔が返ってきた。モニタリング調査は、こちらが一方的に情報を収集しようとしがちだが、調査に協力してくれる相手方が、インタビューを自分の学びや気分転換に活用しているように思われることも多かった。

プロジェクト開始から2年後に、女性センター卒業生と夫に対して、女性センターに通ったことで何がどのように変化したか、生活にどんな影響が出ているか、男女の役割認識に変化はあるか等を個別にインタビューした。女性センターでスキルを習得し、収入を得られるようになっただけでなく、人と交流することで社交的になり親戚づきあいが円滑になったり、保健衛生の知識を得て自宅で実践したことで家族が健康になったり、見聞を広めたことで夫と家庭内の問題について一緒に考えられるようになったりという効果が、女性たちからも夫達からも聞かれた。女性センターで学んだ生徒達が、コミュニティの中で「自立した女性」「世帯に貢献している女性」「教育のある女性」「他の女性よりも身なりが良い」「他の女性よりも態度が良い」というような評判を得ていた。このように女性センターに通って成長した女性達を見て、コミュニティの人々が女性センター入学を希望し自分の妻や娘を通わせようとする結果、より多くの入学希望者が集まり、その要望に応えて地方行政区が女性センターを増設、拡張する動きに繋がった。またコミュニティの宗教的・伝統的リーダー達が、男性達に妻や娘を女性センターに通わせるように諭していることも調査から分かった。カノ州の中心部にあるグワレ地区では、ある女性センター卒業生の家を訪問したところ、クスクスに玉ねぎとキャベツ、卵が混ざった料理を振舞ってくれた。夫は「これは妻が女性センターで習った料理だ。どうだ、おいしいだろう」と、うれしそうに説明してくれた。一般の人たちが求めているのは、今よりも少し生活が良くなる状態で、こうして訪問者においしい料理を振舞えることも、そのような小さな幸せの1つのように感じられた。女性センター卒業生の夫から、妻が女性センターに通うことで家庭内に起きた変化として、「経済的に助かる」「子供の勉強を見てくれる」「家の中が清潔になった」「家庭内でのケンカが減り平和になった」が頻繁に挙げられる。

ここで女性センター卒業生の状況を紹介する。フレラさん（仮名・30歳）は女性センターの編み物コースを6ヶ月間受講した。卒業後は、夫が編み機を購入してくれたので、自宅で赤ちゃん用の編み物製品を製作して販売するビジネスを始めた。サダトゥさん（仮名・25歳）は洋裁クラスで2年間学んだ。サダトゥさんは夫を亡くし2人の子供を抱えて両親の家に居る。ミシンを持っていないため卒業後も女性センターを時々訪問し、ミシンを借りた。収入は食料や家庭用品、子供の教育に使う。また貯金でヤギを買った。もっと貯金をして自分のミシンを買おうと計画している。アスマウさん（仮名・25歳）は洋裁のコースを6ヶ月間受講した。5人の子供を抱え、夫の収入は十分でないので夫にミシンを買ってもらうことは出来なかったが、姉に7、500ナイラを借りてミシンを買った。洋裁の仕事で少しずつ貯金をして、お金が溜まったところでアダシと呼ばれる講に入り、まとまった資金を得て借金の返済にあてた。アダシとは、メンバーが定期的に定額を提供し、1人のメンバーが全額を受け取る。これを交代で行うことで、一度にまとまった資金を融通できる利点がある仕組みで、一般の人々の間で広く行われている。アイシャさん（仮名・42歳）は女性センターの宗教クラスを受講した後、洋裁クラスに入学した。卒業した後は自宅で子供服を縫う仕事をしている。1着の子供服を縫って、150ナイラから200ナイラほどの利益があり、1週間に

2、000ナイラは収入を得るようになった。得た収入は子供の教育費や食料、家庭用品に使用する。自分のためにバッグや靴を買ったりする。将来の夢は仕立て屋の仕事を大きくして、おしゃれなブティックを運営することで、実際の行動には何も移していないが自分の頭の中では、あれこれプランを考えているとうれしそうに話してくれた。ひとりひとりの卒業生に様々なストーリーがあり、女性センターで学んだことを契機に人生の選択肢を増やしていることが分かる。

カウンターパート・関係機関職員の能力向上

プロジェクトの実施機関である国立女性開発センター職員、女性センター活性化の対象となったカノ州の女性省職員、6カ所の女性センターを管轄する各地方行政区職員、女性センター講師と、プロジェクトは多くの公務員と協働で行われた。彼らにとっては通常業務に加えてプロジェクトの業務で忙しくなったが、プロジェクト業務に対して特別に手当が出るわけではなく給料は変わらない。さらに、他の援助機関の場合は研修に参加すれば研修手当が貰えるなど、JICAの業務に関わるメリットがないと言われた。それでもプロジェクトを実施する中で様々な研修を受講したり、カノ州へ出張し女性センターを訪問したり、定期的なモニタリング調査を実施したりと活動を続けていくと、彼らも女性センターの変化を実感するようになり、主体的にプロジェクトを進めるようになっていった。

プロジェクトでは前述の関係者が集まり、プロジェクト活動を検討する機会も度々あった。活動を振り返り、どのような成果・インパクトが女性センター活性化に対して生じたか、活動の妨げになるような問題は何だったか等、州女性省職員のグループ、地方行政区コミュニティ開発部長のグループ、地方行政区女性開発オフィサー（地方行政区職員で女性のエンパワーメントに関わる業務を担当）のグループ、女性センター校長のグループなどポジションごとに分かれてグループで話し合い、ファシリテーションを国立女性開発センター職員が行っていた。各自がポストイットにアイデアを書き、ファシリテーターが分類し、今後の取り組みについて提案をまとめ発表するという流れで行い、回を重ねるごとに活発に意見交換をし、堂々と発表するようになっていった。自分達で活動を評価するという試みは好評で、今後の取り組みについても、「自分たちが何をすべきか・何ができるか」という視点から考えるようになった。会合はハウサ語で行ったため、どの参加者からも理解しやすかった。プロジェクト対象地の女性開発オフィサーや女性センター講師同士に、コミュニケーションが生まれ、アイデアや問題点を交換できたという点もインパクトとして挙げられていた。

プロジェクト後半に実施した女性センター卒業生への調査では、カノ州女性省職員が２人ずつペアになり卒業生の家庭を訪問して調査した。同じカノ州に住んでいるとはいえ、州女

写真２－13　ナイジェリア：プロジェクトメンバー・家族とピクニック

出所：著者撮影。

性省の職員は高学歴で街中に住んでいるため、カノ州の地方の一般的な女性の生活に詳しいわけではなかった。ある職員は「女性の置かれている状況のリアリティーを見た。私達は女性のエンパワーメントのためにもっと何かをしなくては」と感想を述べていた。普段、カノ州の中心にある女性省の建物の中にいる職員達が、現場に出て現実を見て、女性たちの声を聞く体験をすることの重要さを感じた。

女性センターを管轄する地方行政区は、当初、女性センターの活性化に興味を示していなかった。しかし女性センターへの入学希望者が増えてきたり、頻繁に国立女性開発センター職員や日本人専門家が訪問したりすることで、女性センターに視察に来たり、啓発活動に参加したりするようになった。D地区の地方行政区コミュニティ開発部長は「住民が女性センターへの関心をこれほど示しているのに、地方行政区が無視することは出来ない」と言い、コミュニティ開発部長の強い働きかけで新たに女性センターが増設された。古い街で伝統的慣習が強く、プロジェクト開始時は女性が日中に外出することが難しいほどだったが、女性センター講師たちの努力が実り、伝統的リーダー達が女性センターの活動を支援するようになった。また、B地区の女性センター校長に「将来やりたいことは?」と尋ねると、「コミュニティ開発部長になりたい」と笑いながら答えた。コミュニティ開発部は女性センターの活動を管理する地方行政区の部署である。また、「女性センターを将来どうしたいか?」と尋ねると、「ナイジェリアで一番大きくて活気のある女性センターにしたい」と元気に答えてくれた。A地区の女性開発オフィサーと女性センター講師たちは、プロジェクト当初は自分達で地方行政区に報告・要請するような努力もなく、何事もあきらめている様子だったが、プロジェクト後半には、女性開発オフィサーを中心に女性センターの問題を把握し、管轄する地方行政区に問題を報告し、交渉するようになった。このように地方行政区レベルの関係者にも、女性センター活性化による変化が現れるようになった。

国立女性開発センターのセンター長も女性センターを訪問し理解を深めていた。3日間の短い訪問期間に6カ所すべての女性センターを視察し、それぞれの地方行政区職員と女性センターの状況について意見交換をした。女性センターでは講師だけでなく生徒達にも直接話しかけ、生徒達の状況や意見を聞いていた。どの女性センターでも国立女性開発センター長の訪問を歓迎し、女性センターの製品をプレゼントしようとしたが、センター長は贈られた製品の対価を支払い、そのお金で新たに材料を購入して活動を続けるよう励ましていた。センター長は女性センターの現場を視察したことで、女性センターの役割や可能性について理解を深め、連邦女性省大臣に視察の報告を行った。この報告を受けて、連邦女性大臣は各州女性省への訪問の際に、各地の女性センター活性化を呼びかけるようになった。

女性省大臣の視察への同行

連邦女性省大臣は全国の州を巡回し、ジェンダー平等を進めるためのアドボカシーを実施する。南西部のオンド州とエキティ州の巡回に同行する機会を得た。国立女性開発センターのセンター長や連邦女性省の各局局長も同行した。ナイジェリア南西部はラゴスを除き足を踏み入れたことのない地域で、首都アブジャやナイジェリア北部とは違うジェンダー課題を見る機会となった。オンド州は、ナイジェリア36州の中で初めて女性差別撤廃条約（CEDAW）の国内法適用化法案を州法として可決している。この法律は連邦議会では長年に渡り協議されながらも2006年時点では可決されていなかったが、いくつかの州では州

写真２－14　ナイジェリア：オンド州議会で連邦女性省大臣を歓迎する女性議員や州女性省職員

出所：著者撮影。

レベルで法律が出来ている。またＦＧＭ（女性性器切除）禁止法、寡婦に対する有害な習慣の禁止法、子供の権利条約などもオンド州では州法が施行されている。各省の事務次官のうち10人が女性であったり、地方行政区長が女性というところがあったり、女性の主要ポストへの登用や政治参画が進んでいる。オンド州の隣のエキティ州では、王様と呼ばれる伝統的首長が人々に影響を与えている。女性省大臣は王様の宮殿へも表敬訪問をし、「伝統的文化は尊重します。しかし女性や子供に有害な習慣はなくさなければいけません」とスピーチをした。ＦＧＭはナイジェリア北部ではあまり実践されていないが、南西部では根強く残っている。また寡婦に対する有害な習慣とは、夫が亡くなった際に夫の死に妻が関与していないことを夫の親戚に示すために行われるものである。明らかに事故や病気で亡くなっていても、妻が魔術を依頼したことで死亡したと親戚から追及され、夫をなくした妻が家を追い出されることがある。夫の親戚は土地や財産を妻に相続させたくないため難癖をつけてくる。また、南部では人身取引の被害も起きており、ナイジェリアからイタリアへ連れて行かれるルートがあることが問題にされていた。

大臣の視察への同行は優雅な旅になるかと思ったが、予想できなかったほどの強行軍だった。首都アブジャから南部のオンド州まで陸路で行ったが半日はかかった。いつも首都からカノ州まで陸路で4～5時間の旅程だが、北部の幹線道路は十分に舗装されているため快適に移動できていた。しかし南部は道路の至るところに大きな穴が開いており修復も適当で、車両での移動は苦痛だった。さらに、すべての日程が大臣の意向に合わせてあり、朝の集合時間も大臣の準備が出来てから、夜の解散時間も同様だった。最も驚いたことは、最終日にエキティ州の訪問日程が終了した頃は、既に夕方で暗くなっていたため翌朝に帰ると思ったが、真夜中に穴だらけの道路を通ってアブジャまで戻ったことである。大臣の移動は護衛の武装警官が前後につき車列を組んで移動するが、それでも真夜中で街灯も十分にない穴だらけの道を陸路で移動するのは気が休まらなかった。

治安との闘い

プロジェクト1年目に、カノ州では地方行政区の選挙が実施された。この際に州都にあるグワレ地区で暴動が起こり、地方行政区区役所の建物などが狙われた。女性センターは区役所の隣りにあり、暴動で焼け焦げてしまった。この女性センターは６００人近い女性が通っており、プロジェクト対象の６カ所の中でも特に活気ある場となっていた。多くの女性達が学ぶ場を失ってしまった。１ヶ月後に訪問したところ、建物の窓枠やドア、天井の板、壁に埋め込まれた配管など全部取られ破壊されていた。しかし驚いたことに、焼け焦げた女性センターの中で既に授業を再開していた。機材が無くても出来る識字と手縫いの授業を続けていた。こんな事件があったのでは女性たちがさらに外出できなくなるだろうと思ったが、女性センター講師の熱意は以前と変わらず、また女性たちの学ぶ意欲は止められないと感心した。

しかし、プロジェクト最後の年、２００９年には、カノ州を含めナイジェリア北部の治安が次第に悪くなっていった。ボコ・ハラムと呼ばれるイスラーム過激派組織が台頭し、ナイジェリア北部では治安部隊と衝突し、大勢の死者がでていた。ボコ・ハラムとは、西洋式の非イスラーム教育を否定するという名称で、シャリーア（イスラーム法）の厳格な実施を求めていた。プロジェクト終了後、２０１２年ころからは北部の各地で村や学生寮が襲撃されるようになり、２０１４年には女子学生約２４０人が学生寮から拉致される事件も起きた。

写真2－15　ナイジェリア：カノ州女性省のメンバー

出所：著者撮影。

女性センター活性化は女性のエンパワーメントの促進を目的としているので、もしカノ州が襲撃されていたら狙われた可能性もあったと思う。このように、女性が社会経済活動の場に出て、女性の地位向上を目指そうという活動をする際に、女性の教育や経済活動を否定する組織が現れると、これまでの多くの人々の努力が壊され、女性が置かれている状況は後退してしまう。

カノ州の治安が次第に悪くなりかけた2010年1月、3年間のプロジェクトを終えてナイジェリアを離れた。カノ州女性省を離れる際には、特に熱心に活動していた2名の職員と号泣してお別れし、それを見ていた他の職員たちも泣いていた。国立女性開発センターでは、これまで大きな催し物をしていたホールを使って盛大なお別れパーティーを開いてくれた。ナイジェリアのジェンダー平等に少しでも貢献できたのかは分からないが、多くのナイジェリア人と協働し、女性センター活性化を前に進めることは出来たと思う。

公務員支援アプローチは有効か？

ＪＩＣＡによる技術協力は、相手国の政府機関をカウンターパートとすることが基本になっている。日本から派遣される専門家が相手国の政府機関に席を置き、公務員と一緒にプロジェクトを実施する。公務員の能力向上を図り、公務員がプロジェクトを実施することでプロジェクト後も継続して活動できることを意図している。しかし残念ながら、公務員にとっては外部からのプロジェクトを実施することは、余計な業務が増えることになり、特別な手当が貰えることもない中で協働することは難しい。このプロジェクトでも当初は公務員が動かないことに苦労した。また州政府や地方行政区の場合、州知事や区長は住民選挙で選ばれるが、現職と別の政党が当選した場合、これまで行われていたことを全面否定することが度々あり、女性センターに対する対応も政権が変わると途端に予算が減らされていた。州知事と区長の政党が異なるとさらに問題が生じ、カウンターパートは「政治的問題」と言うだけで何もしなかったが、一般公務員のレベルでは対応できない問題だった。このような状況で公務員に対する能力向上支援や、公務員を通して一般住民に支援が届くことを期待するアプローチは有効なのだろうか。よく、「点でなく面の支援をするように」と言われていた。数カ所のモデル地区でプロジェクトを成功させ、その方法を他の地域に広く普及させようというアプローチである。つまり、特定地域の女性センターや住民を支援しても点だけの支援になるため、他の地域に拡散させるためには、公務員を主体とした支援が有効だということだろう。しかし、前述のような問題があるため、公務員を通した支援をしていても、点にすらならないと思うことは何度もあった。

一方で、女性センターに最も近い女性開発オフィサーや女性センター職員は、地方行政区からの予算がない中でも工夫して女性センターを運営しており、コミュニティの女性たちを訪問して女性センターへの入学を勧めたり、啓発活動をしたり熱心だった。プロジェクトが実施した活動の中でも、女性センター卒業生への支援として、ミシンや編み機などの機材を女性センターに供与し、女性センターが卒業生を選び、卒業生が少しずつ機材の代金を返却し、そのお金で女性センターが次の機材を買うという現物でのマイクロファイナンスのような仕組みを作ったが、これは州女性省からも女性開発オフィサーや女性センター職員からも最も好評だった。同じように、女性センターに対して直接、機材や材料を支援し、女性センターが製品を作って販売して運営費を捻出するような仕組みも作れたのではないかと思う。

機材を供与はできたが、消耗品である材料の支援は出来なかった。プロジェクトの上位目標は、女性センター活性化を通した女性のエンパワーメントであった。点ではない面の支援にこだわるため、連邦、州、地方行政区と三層に分かれている行政組織の複雑な政治的問題にも翻弄され、各関係機関が女性センターへの予算を捻出するような働きかけに日本人専門家が多くの時間を費やすことになった。女性センターに直接支援し、そのコミュニティを対象とした支援の方が、目標である女性のエンパワーメントに繋がり、コミュニティでの女性センターの評判が上がれば、より多くの女性に裨益しただろう。

4．開発ワーカーとして考えたジェンダー平等

ＪＩＣＡ本部でジュニア専門員として働き始めてから、ＪＩＣＡの技術協力プロジェクト専門家を終えるまで6年間、ボランティアではなく、ジェンダーと開発の専門性を持つ開発ワーカーとして国際協力に携わってきた。この間に、開発ワーカーとしてジェンダー平等とは何か、様々なことを考えていた。

日本人のジェンダー平等意識の欠如

２００４年にＪＩＣＡ企画部に在籍していた際の業務の１つが、ジェンダー案件の実績を

集計することだった。ジェンダー案件と呼ばれるジェンダーと開発に関連するプロジェクトは、件数でも金額でも、とても少なかった。2000年に設定された国連ミレニアム開発目標の1つがジェンダー平等と女性のエンパワーメントだったことを考えると、もっとジェンダー平等を目指すプロジェクトが多くても良いはずである。なぜ、少なかったのだろうか。JICAのプロジェクトは先方政府からの要請を受領し、膨大な量の要請書を確認し実現可能性や優先順位を検討する。外務省が各国別に国別開発協力方針（旧国別援助方針）・事業実施計画を策定しており、それを基にJICAでも国別の重点分野を決めていた。この重点分野に「ジェンダー」が記載されることはほとんどないことが、ジェンダー案件が形成されづらい要因の1つであると思う。先方政府からの要請に基づくとはいえ、実際には現地JICA事務所のスタッフが国別の重点分野の要請発掘のための活動をする。また、「選択と集中」という用語が流行り、日本に比較優位がある分野を選択し、資源を集中させて効果をあげようとしていた頃でもあった。そうなると、「ジェンダー平等は日本でも達成には程遠い。したがって日本に比較優位性はない」と簡単に片付けられてしまう。ナイジェリアの場合は、当時、援助を再開して何か新しいことを始めようという機運があり、ジェンダー課題アドバイザーを派遣した実績があったため、ジェンダーと開発分野の技術協力プロジェクトの実施に繋がっていた。

プロジェクトの要請書には「ジェンダー配慮」として、当該プロジェクトを実施する際にジェンダーに配慮すべきことはあるか、どのような配慮が必要かを記載する欄があった。JICA企画部に在籍した際は、このジェンダー配慮の記載に対してコメントしたり、記載がない場合でも必要と考えられる場合にコメントしたりしていた。度々、ジェンダー配慮のコメントをすると嫌がられていた。ジェンダー格差がどの分野にも存在することは統計からも様々な報告書からも明らかであり、重要な開発課題の1つである。開発課題の解決に取り組むために援助機関で働いているはずだが、他の課題には熱心に取り組んでも、ジェンダー課題の解決には熱心でない人々に、男女関わらず何人も遭遇した。これは、日本社会のジェンダー平等への関心の低さを反映していると思う。他の開発課題に比べて重要ではないと言われたり、女性が関わっていればジェンダー配慮になっているから十分と言われたり、ジェンダー平等に向けた取り組みを行おうという意思を感じられないことは度々あった。一方、ナイジェリアの政府機関職員は、国際機関や欧米の援助機関が実施するジェンダー研修を受講した経験もあり、ジェンダーと開発の課題に関心があり、知識も豊富な人々も多かった。

ジェンダー平等の捉え方の違い

6年間にわたり、ナイジェリアのジェンダー案件に関わってきた。案件の形成から実施まで携われたことは貴重な経験だった。またＪＩＣＡ事業に携わったことで、国から国への支援において様々なことに考慮して活動すべきことを学んだ。例えば、活動対象地や活動内容の選択に際し、選択の理由を論理的に説明したり、先方政府がプロジェクトで合意した文書に従い、必要経費を捻出するよう根気よく話し合ったりすることは、プロジェクトのスムーズな遂行に必要だった。統計資料から対象地域がジェンダー課題を抱えている、教育の指標や、保健医療の指標においてジェンダーの格差が大きい等、関係者を説得できる根拠を示すことを考えるようにしていた。しかし、様々な異なる立場の人々にとってのジェンダー平等の捉え方は異なり、すべての立場の人々が納得できる対応はないであろうということにも気づくようになった。

イギリスの大学院で学んだ「ジェンダー平等とは、誰もが同等の権利を持っていることであり、ジェンダー平等を求める権利は人権である」という考え方だけでは、非西欧の文化的宗教的に異なるナイジェリア北部の人々にとって、どのような状況が望ましいかを理解できないと思うようになった。ナイジェリアの連邦レベルの政府機関である女性課題省や、私の配属先であった国立女性開発センターの職員は、国連機関や他の援助機関のジェンダー研修を受講していたり、ジェンダーと開発の知識が十分にあるスタッフの影響を受けていたりしたので、ジェンダー平等とは、女性が持つ権利と男性の権利は同等であることと捉えていた。

国連機関や先進国の援助機関が述べることを、ただ復唱しているだけだったり、外国の援助機関が望む答えを言っているだけだったりという可能性もあるが、ジェンダー平等の推進に反対するようなことはなかった。一方、プロジェクト対象地域のナイジェリア北部カノ州の女性課題省のスタッフは、その州の出身者で占められていたが、全員イスラームを信仰し厳格に実践しており、ジェンダー平等の捉え方はまったく異なっていた。彼らは権利と義務は同じであると考えていた。妻は夫に従う義務があるが、妻は夫から扶養される権利があるという考えである。一方、夫は妻に指示する権利があるが、夫は妻を扶養する義務があると考える。男性と女性は役割が異なり、それぞれがその役割を義務と権利として遂行すれば良いと考えていた。ジェンダー平等とは、男性も女性もそれぞれの義務を果たすことで、その義務は性別役割分業に反映されていた。そして、プロジェクト対象地域のジェンダーの課題とは、男性がこの義務を果たさないことと捉えていた。カノ州内で支援対象となった地方行政区の役所や女性センターのスタッフも、カノ州の出身でイスラームを信仰する人々であり、州女性課題省のスタッフと同様に、ジェンダー平等とは男女がそれぞれの義務を全うすることと考えていた。女性センターのスタッフや女性センターに通う女性たちも同様の回答をしていたが、多くの男性が扶養の義務を果たしていない現実を反映し、「私たちの文化では、夫が家長で夫には従う義務があります。夫が扶養の義務を果たしていなくても何もできない」

という話をよく聞いた。女性たちは夫や地元の宗教リーダーや長老から不満や怒りを持たれると、女性センターへの通学や自分の経済活動を止められてしまうと考えており、男性が扶養の義務を果たさないことへの不満はあまり語らなかった。

ナイジェリア生活を通して考えたジェンダー平等

現地の草の根レベルの女性たちにとって望ましい状況が、援助を供与する側の国際社会が掲げている「ジェンダー平等」と一致していないこともある。先進国の援助機関や国連機関、国際ＮＧＯのスタッフの中には、「草の根レベルの女性たちは人権について何もしらないから、無知だから啓発すればいい」と考えている人々もおり、やたらに人権の啓発キャンペーンを取り入れていた。私もナイジェリアに赴任した当初は、「現地の人々は女性の権利について分かっていないので啓発活動を取り入れよう」と考えていた。しかし、連邦レベルのスタッフだけではなく、草の根レベルの女性たちに、より寄り添っている州レベルや女性センターのスタッフたちと交流を深める中で、女性たちが自分の権利について無知なのではなく、開発ワーカーである私たちの方が、現地の女性たちの入り組んだ人間関係や複雑な日常生活に無知なのだと思うようになった。女性たちにとって夫や義両親との関係、コミュニティでの人間関係が上手くいかなくなることは、そのコミュニティで生きていけなくなるほどの大問題である。「女性は男性と同等の権利を持つ」という援助側が提示するジェンダー平等の考えは、「男性も女性も異なる権利と義務がある」と理解し、その義務と権利を日々実践している現地の女性たちにとって、「私たちは自分たちの権利を理解している」のであり、「ジェンダー平等の解釈が異なる」ということだろう。

しかし、このような現地の伝統的文化的宗教的な価値観に基づいたジェンダー平等のあり方は、少しずつは変わっていく。女性センターのプロジェクトでは連邦レベルや州レベルのスタッフだけでなく、女性センターのセンター長も日本での研修に参加した。センター長の女性たちは、コミュニティの女性よりは教育を受けていて英語も理解するものの、伝統的価値観が強いコミュニティで生きている。彼女たちの日本への研修には、夫の反対や地方行政区の男性スタッフの反対もあった。既婚女性が外泊すること、それも実家や親戚宅ではない、誰も目の届かない遠い異国に3週間近く滞在するということは、彼女たちの夫にとっては許容できることではない。しかしセンター長たちは日本での研修を強く望み、州女性省のスタッフが男性たちを説得し実現することができた。同じ時期の日本での研修参加者を全員女性のセンター長だけとし、州女性省や国立女性開発センターの男性スタッフを含めないことが、センター長の夫たちを説得する決め手となっていた。このようなセンター長の強い姿勢や州女性省のサポートを見て、他の女性センタースタッフや生徒たちも、自分たちに近い存在の女性が海外に研修に出て学ぶことができると勇気づけられていた。センター長たちは帰国後に日本で学んだことを積極的に女性センターでの授業に取り入れたり、さらに熱心にコミュニティでの女性支援を強化したりするようになっていた。

ジェンダー平等と女性のエンパワーメントを目標とした活動は、なかなか成果が見えてこない。3年程度のプロジェクト期間内に変化を求めることは無理があると思う。時間はかかるが、この女性センターのセンター長のような人々が増え、その人たちが周囲を変えていくことは可能だろう。技術協力プロジェクトを実施中は、前述のように政府機関の建物が焼き払われる事件があり、新築の女性センターも被害にあった。女性をターゲットにした事件ではなかったが、女性の地位向上や社会進出を良しと思わない人々からターゲットにされる危険は十分にある。そのような地域で、女性の権利、女性の人権と外部の人が主張することには、ナイジェリアで長く活動した後に振り返ると無責任にも感じられる。もし女性の地位向上に反対する組織からターゲットにされ治安が悪化したら、外国人はその地域に出張できなくなり、結局、退去するだろう。しかし一緒に働いている現地の女性省や女性センターのスタッフは、その後もその地域で働き、生活していく。自分が残される側だったら、安易に女性の人権を振りかざすことはできないだろう。女性のための支援と思っていても、現地の女性が積極的に参加してこないこともある。女性たちが無関心なわけではなく、虐げられているわけでもなく、関心を持っていても様子を窺って行動しなかったり、家族やコミュニティからどう思われるかを気にして参加しなかったりということもある。

もっと現地の人々の状況を知りたい。どうすれば女性たちが自分の思うように自分の人生を生きていけるのだろうか。もう一度ナイジェリアに戻って、女性センターの生徒のようなコミュニティで暮らす女性達に向き合って考えたいと思い、大学院に進学しようと考えた。

注

（1）Diana Pearce（1978）"The Feminization of Poverty", The Urban & Social Change Review, Boston College, 11（1/2), pp.28-36.

（2）https://govconcept.wordpress.com/2020/11/12/human-trafficking-wife-of-former-vice-president-titi-atiku-abubakar-urges-young-nigerians-to-join-fight-against-child-trafficking/

第3章　研究者として「ジェンダーと開発」に関わる

1．博士課程学生としてナイジェリアに戻る

「どのように」から「なぜ」へ

ナイジェリアから帰国してすぐ、名古屋大学国際開発研究科を受験し、2010年4月から学生に戻った。ナイジェリアでJICA技術協力プロジェクトに従事したことで、女性センターで学んだ女性たちの変化を追うことが出来た。外出に制限があり自宅で退屈な毎日を過ごしていたという女性が、女性センターで洋裁や編み物のスキルを学び、他の女性たちと知り合い明るくなっていった。また自宅で作品を作り販売し、収入を得るようになった女性たちは、自信を得て家族や親戚、近所の人々から尊敬されると喜んでいた。彼女たちの夫も妻の変化を喜んでいた。妻が自分の代わりに食材を買うようになり諍いが減った、妻からの要望が減ったという変化を認めていた。しかし、開発ワーカーが期待する、「女性の経済力が向上すれば、世帯内で意思決定をするようになる」というケースは確認できなかった。これ

は、3年間のプロジェクト期間は短すぎて変化が見られないのか、経済力の向上と世帯内での意思決定は関係ないのか、様々な疑問を感じていた。この課題を研究し博士論文にまとめようと思った。しかし、博士課程に入学当初は、そもそも研究をどう進めていいのか理解できていなかった。開発ワーカーとして様々な報告書や企画書は執筆してきたものの、「研究計画書」に何を書けばいいのか、研究方法って何だろうというレベルだった。博士論文には新奇性が必要であり、「発表する内容自体が初めてか、方法論が初めてか、思想が初めてか」のいずれかが求められたが、どれも自分には無理だと感じられた。博士課程1年目の5月から7月にかけて、何度も研究計画書を書き直した。開発ワーカーとしては、いつも「どうすればいいか?」を考えていたが、研究では、「なぜ、こうなのか?」と要因を分析する作業が、新たな知見を生み出すために必要だと次第に分かってきた。

7ヶ月でナイジェリアに里帰り

博士課程1年目の9月からナイジェリアに調査に出かけた。1月に盛大にお別れ会を開いてもらい涙で別れてきたが、わずか7ヶ月で里帰りとなった。国立女性開発センターの同僚もカノ州女性省の職員も、笑顔で大歓迎してくれた。面白いことに、カウンターパートたちの対応が変わり、私を経済力のない学生として扱い様々なサポートをしてくれた。カノ州女性省では、プロジェクト実施中は女性省の車両を使いたがらず、運転手がいない、ガソリンがないという理由でいつも車両を使えなかった。ところが、私が女性センターに調査に行く際には、女性省の車両を一般のタクシーより格段に安く提供してくれたり、大学生を通訳に付けてくれたり、事務所を使わせてくれたり、全面的に協力してくれた。プロジェクト実施中にいつも泊まっていたホテルのオーナーは、私の荷物を預かってくれ、ホテルに隣接する自宅でオーナーの家族と一緒に過ごし、ホテルの敷地内を自宅のように使用していた。カノの国際空港に飛行機が遅れて深夜遅く着いたときも、ホテルのオーナーが手配した運転手が心配して待っていてくれた。首都アブジャにいるカウンターパートがカノ州に出張に来た際は、ホテルまで様子を見に訪ねてくれた。彼らから見れば、JICA専門家のときとは違い、自費で滞在する学生の私は保護する対象だったのだと思う。ムスリムである彼らは、持てるものが持たざるものを助けるのは当たり前という行動規範を実践している。プロジェクト実施中の私は「持てるもの」だったのかもしれないが、学生としての私は「持たざるもの」だったのだろう。

博士論文執筆のための調査には、2010年9月から10月、2011年1月から2月、6月から7月と、2ヶ月ずつ3回渡航した。調査はカノ州のプロジェクトで対象となっていた女性センターの1つで実施した。プロジェクトの際にもコミュニティを歩き、女性センター生徒や卒業生の家を訪問していたが、いつも短い訪問だった。博士論文の調査では、それぞれの家で時間をかけてインタビューし、敷地内や女性の自宅での経済活動の様子を見せてもらっていた。外壁で囲われた敷地内には、世帯主の家屋、妻の家屋、穀物倉庫、家畜小屋などが点在している。料理や掃除、洗濯を敷地内のどこでどのようにしているのか、小さい子どもたちは女性が家事をしている間、どこで何をしているのか、自由に外出できない女性たちが1日を過ごす敷地内に自分も数時間だが滞在すると、退屈を感じること、子ども以外の話し相手が欲しくなること、外出したいと強く思うことが、少し分かってきた。同じ調査対象に繰り返しインタビューをしていたので、次第にお互いに慣れてきて、調査はスムーズに実施できた。2ヶ月ずつと短期間の滞在ではあったが、プロジェクト実施中に2ヶ月続けてカノ州に滞在したことはなかったので、女性省に立ち寄り職員とおしゃべりする毎日で、ゆったりとした公務員の働き方に馴染んでいった。プロジェクトのときはイライラさせられていたが、当時は私に心の余裕がなかっただけだと分かった。

2011年3月11日、東日本大震災が起こったとき、たまたま名古屋から東京に戻り、東京駅にいた。日付が変わって動き出した電車で、午前3時ころに実家にたどり着いた。両親と再会を喜び、休もうとしたころに携帯電話が鳴った。カノ州女性省の職員からだった。電話口から、相手の後ろにいる他の職員たちの歓声が聞こえてきた。ニュースを見て心配してくれていた。翌日、電子メールを確認すると、ナイジェリアから何通ものメールが届いていた。

博士論文の概要

ナイジェリアでの現地調査を終え、博士課程2年目の後半からは名古屋に閉じこもり、データの分析と執筆に追われた。博士論文は次のような概要である。

貧困層女性の経済力向上を目的とした収入創出プロジェクトは、1970年代以降各地で実施されてきた。1976年に始まる「国連女性の10年」の中でさらに増加し、各地で実施され、現在でもよくある女性対象の活動である（Buvinic, 1986. Moser, 1993他）。このようなプロジェクトにおいて、女性が収入を獲得することが、世帯内の意思決定力向上に繋がるという期待や予想がある。一般に、女性は経済機会へのアクセスが限られていること、社会規範が女性に不利に働くこと、結婚・離婚、財産権など法律の枠組が女性に不利であること、これらが組み合わさって影響し、世帯においても社会においても発言権が小さい（世界銀行、2012）。女性を対象とした収入創出プロジェクトは、女性がスキルを得て収入を得るようになったり、一緒に活動する人と社会ネットワークを拡大したり、自信をつけたりとポジティブな変化がある。一方で、従来の家事や育児に加えて経済活動も担うため、女性が過重労働になったり、洋裁や編み物、料理など従来の性別役割分業の再生産に繋がるスキルであったりという、ネガティブな影響も指摘される（伊藤、1995. Moser, 1993. 村松、2005）。また女性が収入を管理すると、衣食住や教育、医療費などの世帯の基本的なニーズが充足されるという研究がある（Quisumbing Maluccio, 2003. Thomas, 1997 等）。しかし、女性が自身の収入を利用しただけで、世帯内で世帯の収入として用途を話し合って支出したかは分からない。さらに、女性が収入を得るようになると、これまで世帯のニーズに使用されていた夫の収入が、他の用途に使用される可能性もある。どのように世帯内の資源分配を決めているか、夫妻間の意思決定プロセスは明らかではない。

ナイジェリアの人口保健調査には、収入の用途の決定者や世帯内意思決定に関する項目がある。カノ州を含む北西部では、妻の所得は妻が、夫の所得は夫が決めていることが分かる。しかし、世帯内で女性自身のヘルスケア、主要な買い物、日常の買い物、妻が親戚を訪問することといった、女性自身が関わる意思決定に十分に参加できていなかった（NDHS, 2008）。つまり、女性が自分で収入を得て用途を決定できても、世帯内で意思決定できるとは限らない。また東アフリカの都市部では、妻の収入が夫の収入を上回るようになり、プライドを脅かされた夫が、妻に暴力を振るいコントロールしたり（Silberschidt, 2001）、ザンビアやウガンダでは経済状況の悪化で男性は経済力が低くなったが、女性は教会や貯蓄グループの活動で世帯外のサポートを得て経済力を高め、夫妻が衝突しやすくなったりという研究もある(Pottier, 1994)。

そこで、博士論文では、女性の経済力向上が世帯内の意思決定にどのように影響するのか、世帯内の力関係に着目して、女性の世帯内意思決定プロセスへの関わり方を明らかにすることを目的とした。JICAの技術協力プロジェクトに携わっている際に疑問に思っていたことであり、また修士論文のテーマを発展させたものとなった。修士論文で取り上げたテーマは、それまでの青年海外協力隊や国連ボランティアでの活動の疑問からでていたが、修士論文で明らかに出来なかった部分が、ナイジェリアでのプロジェクトを通してさらに大きな疑問となり、博士論文に繋がってきたと思う。

世帯内の資源分配をめぐる意思決定は、利他主義の家長が世帯全体の利益になるように資源分配を決定するという、単一家計モデルによって説明されてきた(Becker, 1965)。これは世帯を1つの単位とみなし、家長が世帯員全体の利益になるように常に考えて資源の分配を決めているという考え方で、世帯内の所得が共有されていること、世帯内の労働力が効率的に生産活動に分配されていることが前提となっていた。しかし、単一家計モデルを否定する研究も次々に発表された。Manser と Brown（1980）や McElroy と Horney（1981）は、世帯内の意思決定は世帯員の交渉の結果であるとする集合的モデルを展開した。集合的モデルは、世帯内の資源と権力の分配はほぼ常に男性に有利であり、その資源分配における不平等は、経済的・社会的な要因があると指摘する（Quisumbing, 2003）。つまり、世帯構成員は異なる選好をそれぞれ持ち、利害が衝突する際に世帯員が交渉し、どのように分配するかを決め、その際に交渉力の強い構成員が望む結果を得ると説明される。女性が交渉力を向上させる要因として、夫妻の年齢差が少ないこと、女性の教育レベルの高さ、女性が財を所有すること、女性の法的権利を確保する法律の施行などが挙げられてきた（Agarwal, 1997. Quisumbing, 2003. Mabsout and van Staveren, 2010）。Sen（1990）は世帯内の資源分配をめぐる意思決定を「協力的対立モデル」によって次のように説明した。夫妻は協力を志向する対立関係という協力せざるを得ない関係である。ジェンダー役割規範から妻が夫に譲歩し、女性は不利でも夫の意向を受け入れる事が多い。交渉力の向上には単に教育レベル、所得レベルの向上といった事実の面だけではなく、世帯への貢献認識や自己利益への認識のように、周囲からどう思われるか、自分はどう思うかという認識が影響する。その認識には何が価値を与えられるにふさわしく、何がそうではないかという「正当性」の概念が影響する（Sen, 1990）。この協力的対立モデルは修士論文の際に使用したが、博士論文でも分析枠組みとして適用した。

写真３－１　ナイジェリア：ジュースを小分けにして冷やして販売する女性

出所：著者撮影。

なぜ、女性は収入を得ようとするのか？

ナイジェリア北部では、夫が食料や日用品など世帯員が必要とする世帯ニーズのすべてを提供することが求められ、複数の妻を平等に扱い世帯を代表することも要求される。また、夫妻で収入を別々に管理し、夫が妻にお金を借りても返金することが当然視される。一方、妻にとって最も求められる役割は夫に従うことである。婚姻関係の維持に努め、育児・家事を担う。さらに不要な外出を控え、不特定多数の男性との接触は避けるべきとされる。女性たちの経済活動は自宅の中で実施できるものである。例えば、ボトルのジュースや水を買い、小さな袋に詰め

写真３－２　ナイジェリア：女性センターで学んだ
洋裁を活かして仕立て屋をする女性

出所：著者撮影。

替えて冷蔵庫で冷やして販売する。冷蔵庫や電気があることが必要となるが、特別なスキルがなくともできる。他にも日用品や香辛料をまとめ買いし小分けにして売る経済活動は、商品を仕入れる資金が必要だが、基礎教育やスキルがなくとも可能な経済活動である。女性センター卒業生の間では、スキルを活かした仕立て屋や編み物製品の販売は人気がある。このような女性の経済活動では、材料は子どもが買いに行き、製品も子どもが売りに行くなど、子どもを媒介して行われる。

しかし、女性の経済活動は大した収入にはならない。多くの女性が1ヶ月に1万ナイラ（2010年当時、約100ドル）以下の収入で、夫が毎月世帯ニーズに支出している金額を下回る。また、女性が経済活動に費やす時間は多くはなく、家事・育児などのジェンダー役割の遂行を優先している。家事・育児に支障がでるほど経済活動の時間を増やすことは、女性自身が望んでいなかった。女性が経済活動に携わることは夫も妻も肯定的に捉えている。「妻が経済活動をすれば夫の負担が減り、妻は夫や両親を助けられる。経済活動をしていなければ何か欲しくても夫に頼むしかない」「経済活動をしていない女性は夫から尊敬されないし、アドバイスをしても『お前は何もしていないのだから何も言うな』と受け入れてもらえない」。このように世帯外から収入を得ることが、世帯内の関係に影響することが窺える。しかし、妻の収入が夫を上回ることは、女性も男性も好ましくないと捉えていた。「夫のほうが多く稼ぐべきです。衣食住を担うのは夫の責任です」と、世帯ニーズは夫の役割であるという理由や、「妻が多く稼いでいたら妻が家をコントロールすることになる」と、経済力が世帯内での権限に繋がるという理由が挙げられた。

世帯ニーズを賄うことは夫の義務であると男女双方が認識しているにも関わらず、また女性が経済活動に従事しても大した収入にならないにも関わらず、なぜ、女性は自分で収入を得ようとするのだろう。女性が収入を自分で得たい理由と実際の用途は主に4つあった。1つ目は夫の役割を肩代わりすることである。女性たちは「家族・夫を助けたい」と言い、夫が本来買わなければならない世帯ニーズを、夫にお金がないこともあるため自分が代わりに払う。貸与と贈与を明確に区別しており、本来は夫が出すべき世帯ニーズを妻が肩代わりした場合は貸与で、夫は返金を求められる。しかし実際には妻が贈与として扱い、夫は返金の必要がない場合もある。また、食料などの世帯ニーズが足りないときに、その都度夫に不足があることを言うことが、「夫を煩わせる」と捉えており、頻繁に頼みたくないため自分で支出できるように現金が必要であること、子どもの文具や学校に必要な支出もある。2つ目は人間関係の維持のためのお金である。女性たちが自分の両親や夫の両親、親戚、知人と会うときや、結婚式などセレモニーに出席する際には、贈り物を交換する習慣がある。この贈り物を買うお金は夫の役割ではないため現金が必要になる。3つ目は自分の経済活動の維持や自分の化粧品など、自分のニーズのためである。経済活動を継続するためには材料を仕入れたり、製品をまとめ買いしたりする現金が必要となる。また、女性は収入が出来た利点を「自分の欲しいものが買える。自分の服や化粧品が買える」と、自由に使用できる収入があることを大変喜んでいた。4つ目は不測の事態への対応のため、貯蓄や頼母子講への支払いである。「夫の収入は月末のみなので、必要なときに現金がないことがある」「夫に先立たれた際に困らないように」「親や親戚が何か困ったときに助けるため」という理由が多い。頼母子講は10人程度で1グループとなり、各人が一定期間に一定額を持ち寄り、順番に1人が全額をもらうことで、まとまった資金を得る手段であり広く行われている。

夫妻で何をどのように話し合うのか？

世帯内で夫妻は何について話し合うのだろうか。また、どのように話し合うのだろうか。1つ目は、翌月の食料・日用品の購入、教育費、子どもの勉強の進捗や進学先といった内容について話していた。この話題では、単に夫と妻が相談し情報交換をしており、同意することが多く争点にはならない。2つ目は、同じように翌月の食料・日用品の購入や子どもの教育に関する内容であるが、夫が決定事項を妻に通知する場合がある。この際は、妻は同意することもあれば、同意できないこともあり、また不満に思うこともある。3つ目は、世帯ニーズの不足分を買うように依頼したり、外出の許可を得たり、何か夫の決定に同意できなくて再考してほしいと依頼するなど、妻が夫に話しかける場合である。この場合は、夫は妻に同意する事もあればしないこともあり、話し合いの途中で妻が依頼を諦めることもある。この場合に、夫妻が合意できず話し合いが様々なパターンで行われる。妻の中には、夫に依頼したり、夫の決定に不服で意見を言ったりする場合があり、そのプロセスを女性たちは細かく認識して次の行動に移していた。夫の様子をよく観察し、話しやすい状況と思って話しかけつつも、話している最中に交渉しづらいと思えば、態度を変えてひたすら懇願したり、途中で諦めたり、また交渉しやすいと思えば、説得しようと試みていた。

この話し合いプロセスは、夫妻が合意できないときの対応によって、反論アプローチ、懇願アプローチ、回避アプローチ、従順アプローチの4つに分類できた。反論アプローチでは夫の説得を試みて、失敗しても夫と継続的に話し合い、夫を説得する。懇願アプローチでは、妻は夫に反対される可能性を見越して、夫に懇願して認めてもらおうとする。夫が落ち着いて家にいて寛いでいるときに冷たい飲み物を出して機嫌を窺い、丁寧な態度で懇願する。しかし夫の反応が好意的でなければ対応を変え、諦めることもある。回避アプローチでは、自分の意見を夫に言うことを最初から諦め、夫に不満を持ちつつも争いを回避するため、何も言わない。従順アプローチでは、夫の決定に常に従うが、それが妻の役割と信じており、夫に不満を持っていない。さらに、妻の主張に正当性があると妻が考えるかどうかで、妻のアプローチは異なる。世帯ニーズの充足に関しては、夫の役割を夫が遂行していないことから、妻には要求する正当性があるので、強く出る妻が多い。一方、外出の許可を依頼するときは、既婚女性の隔離の慣習に反するため妻には要求する正当性はなく、夫に懇願する場合が多い。また、妻の特徴や夫との関係性によっても妻のアプローチは異なり、反論アプローチの妻が、懇願アプローチを採用したり、その逆だったりする。しかし、反論アプローチや懇願アプローチの女性が回避アプローチや従順アプローチをとることはなかった。

このような夫妻の話し合いのプロセスをひとりひとりの女性が詳細に語ってくれた。女性たちは夫と話しやすい環境を整えることにとても気を遣っていた。夫がリラックスしている時間帯に、夫を敬う姿勢を見せて冷たい飲み物を出し、片膝を曲げて懇願するという説明は共通していた。夫がリラックスする時間帯とは夕方のお祈りと夕食を終え、子どもたちが寝た後であり、冷たい飲み物とは暑いナイジェリア北部において最高のおもてなしであり、片膝を曲げる姿勢は目上の人に挨拶する形態である。夫妻の話し合いの結果だけを見れば、常に夫が最終決定をしているが、そこに至るプロセスを見ていくと、妻が夫を説得しようと試行錯誤しており、単に夫に従うだけではないことが分かる。

女性が意思決定に関わるには何が必要か？

どのような女性が、より世帯内の意思決定に関わりやすいのだろうか。これを明らかにするため、Sen（1990）の協力的対立モデルを適用して分析した。協力的対立モデルが提案する妻の交渉力向上の3要素である、①妻の決別点の高さ、②妻の世帯への貢献認識の高さ、③妻の自己利益への認識の高さについて分析した。さらに、④夫の交渉力、⑤妻・夫のジェンダー役割の変化の受容を、このモデルに加えて分析した。具体的には、妻の初婚年齢、妻の年齢（夫妻の年齢差）、妻の教育レベル（夫妻の教育レベルの差）、妻の財の所有、子どもの数、妻の実家・親戚ネットワークの維持、義両親や他の妻と同居していないこと、妻の世帯への貢献認識、妻の自己に価値があるという認識・自信、女性に不利でない婚姻や相続に関する法律、女性に不利なジェンダー規範の弱さ、妻を夫が殴ることを正当と認識しない、妻の経済活動を夫が支援すること等を、分析項目とした。

妻の世帯内での交渉力向上に貢献する要素を、4アプローチごとに前述の項目で分析した。最も夫に自分の意見を述べている反論アプローチでは、妻の初婚年齢が18・3歳と高く、経済活動に従事し、夫に現金を貸与・贈与する機会が多いこと、平均学校教育年数が7年で教育レベルが高いこと、義両親・親戚や夫の他の妻と同居していない、妻の世帯への貢献認識が高い、妻の自己利益への認識が高い、夫の平均学校教育年数が14・7年と教育レベルが高く、夫が変容したジェンダー役割を受容するという、交渉力向上に貢献する要素が多く見られた。一方、従順アプローチでは、初婚年齢が14・3歳と低く、夫との年齢差が18歳と大きく、また教育を受けた年数が1・5年と短く、半数が夫の両親と同居していた。その夫は、収入が少なく世帯ニーズへの支出額も少なく、妻の経済活動も支援している割合が低かった。夫妻が話し合う環境にあるのは、反論アプローチの場合であるが、このアプローチを取る妻の夫は、夫の交渉力も高く妻の交渉力も高かった。つまり、教育レベルや経済力、社会経済状況の変化により変わってきた新たなジェンダー役割を受け入れているかといった事項は、女性だけでなく男性にも備わっていることが、女性が世帯内で意見を言える環境には必要であることが分かった。

世帯内意思決定に女性が関わるために必要な介入とは何か?

ナイジェリア北部のハウサ社会は家父長制が強く、「意思決定をするのは家長」という規範が強いため、「女性が意思決定をする」ことは規範に挑戦することとなる。しかし、女性自身が実際に意思決定をしなくとも、女性が望む決定を獲得できる場合があった。反論アプローチをとる女性は、夫に対して自身の要求を伝え交渉していた。この場合、女性は意思決定に「関わる」と言える。同時に、妻は「意思決定をするのは家長である夫」という規範を守り、自分に対する周囲からの尊厳を維持することができる。夫の収入だけでは義務である世帯ニーズを充足できないことがあり、夫は妻にお金を借りる。夫には返金義務があり妻に返金するが、妻は夫からの返金を断ることもある。これにより夫に貸しをつくり、夫は妻からの要望を断りづらくなるという関係性ができていた。夫妻で収入を別管理すること、また世帯ニーズを満たすのは夫の義務というジェンダー規範があることが、妻に収入があり夫の経済力が低下している場合に、妻が自身の要望を通しやすい環境に繋がっていた。

女性が意思決定に関与できるようになるために、開発援助はどのような介入が必要だろうか。ナイジェリアの事例からの提言として4点挙げたい。まず、世帯を単位としないことである。世帯を単位にするプロジェクトは多いが、これでは世帯内の力関係が可視化されない。まずは世帯内の力関係を把握し、その不平等な関係を是正していく活動をプロジェクトに反映できるようにする必要がある。また、そのためにはコミュニティの男性も協力者になるような仕組みを入れることも求められる。２つ目に、女性・男性の経済的貢献、非経済的貢献を男女双方が認識しやすいように可視化することである。世帯への貢献認識の向上は世帯内意思決定力の向上の要素であり、プロジェクトの活動に、男女双方の貢献を知るような仕組みを入れることも必要となる。３つ目に、従来の開発援助では、妻が夫に意見を述べるような力をつけるため、教育支援や経済力の向上を促してきた。しかし、女性自身がこれらの力をつけても、夫の側が話し合う姿勢を見せなければ話し合う環境ができない。回避アプローチのように、不満があっても何もできない状況に女性が置かれてしまう。そのため、夫妻が話し合う環境を作るような介入も必要となる。最後に、世帯内意思決定参加の評価の仕方を変えることである。女性が最終決定をしたか、自分で決めたかという評価の仕方では、ｙｅｓかｎｏになり、意思決定プロセスへの関わり方を評価できない。決定事項を女性は把握しているか、女性は自分の意見をどう伝えたか、話し合う機会があったか、夫が意見を聞く機会はあったか、夫は妻の世帯への貢献をどう認識しているかなども評価の対象に加えることで、意思決定プロセスへの女性の関わり方を評価できるだろう。女性の世帯内意思決定への関わり方は多様であるため、夫が最終決定をしたとしても、夫に自身の意見を決定させる行動をとることも、意思決定への参加に含まれると考えられる。意思決定プロセスへの参加の小さな変化を把握することで、適切な介入に繋げることが可能になるだろう。

再びナイジェリアへ

2013年5月、無事に博士論文を提出した。口頭試験が10月と時間が空いていた。幸い、ナイジェリアでのJICA技術協力プロジェクト「女性の生活向上のための女性センター活性化支援　フェーズ2」に、再び専門家として従事する機会を得て、6月にナイジェリアへ戻った。今度は開発コンサルタントとして複数人でプロジェクトに関わり、2~3ヶ月滞在し、日本に1ヶ月弱戻るというサイクルを繰り返した。プロジェクトの対象地域はカノ州から6州に拡大し、カノ州の他、北部のカドゥナ州、ナイジャー州、中央部のクワラ州、南東部のアナンブラ州、南部のクロス・リバー州で女性センター活性化を進めていた。しかし、ナイジェリアの治安は悪化し、日本人が訪問できるのはナイジャー州だけになっていた。博士課程に入る前に3年間プロジェクトに携わっていたときと同様に、フェーズ2でも女性センターで定期的にモニタリング調査を実施し、女性や夫、卒業生にどのような変化があるかインタビューを実施していた。6州のうち5州はカウンターパートだけで実施するため、事前に質問票を統一し調査方法の研修も実施した。博士論文で質的調査をじっくり行いデータ分析してきたためか、以前と同じような調査であるが、プロジェクトで実施するモニタリング調査が表面的で無意味に思えた。

ナイジェリアと日本を行き来し、日本滞在中に無事に博士論文の口頭試験を受けた。ナイジェリア滞在中に、提出した博士論文に対するコメントに対応し、修正を重ねていた。そして10月末に無事に博士号を授与された。ナイジェリアのカウンターパートも喜んでくれたが、博士論文の調査に協力してくれたカノ州女性省や34世帯の夫妻とは、治安悪化のために再会出来なかったことは心残りだった。初めてナイジェリアに赴任してから10年が過ぎ、カウンターパートからは「永住権取れるよ」と冗談を言われていた。今回の駐在中には、首都アブジャでも自爆テロが起きるようになり、幹線道路に検問が増え、出張に同行する武装警官が防弾チョッキを付けるようになり、治安はどんどん悪くなっていた。ナイジェリアへの愛着は強かったが、博士課程で研究の奥深さを経験した後に、開発コンサルタントとしての業務は魅力を感じなくなっていた。２０１４年12月にナイジェリアでの業務を終え、再び、研究生活を選んだ。

2. アジア・アフリカのジェンダーと開発

ナミビアで農業に従事する女性たち

博士課程の学生だったときに、指導教員が関わるナミビアでのプロジェクトに関わる機会があった。２０１１年12月、２０１２年9月、２０１３年3月とナミビア北部オムサティ州で農家を対象とした調査を実施した。プロジェクトは日本の複数の大学とナミビア大学農学部が共同で行っており、２０１２年2月から、ＪＩＣＡとＪＳＴ（科学技術振興機構）が行う地球規模課題対応国際科学技術協力プロジェクト（SATREPS）「半乾燥地の水環境保全を目指した洪水ー干ばつ対応農法の提案」として始められた。首都から国内線で1時間、北部に近づくと、上空から大きな沼があちこちに見えた。とても不思議な風景だったが、この沼が季節性小湿地と呼ばれるもので、このプロジェクトで大きな役割を担っていた。

ナミビアは１９９０年に南アフリカの実質的な統治から独立した新しい国である。ダイヤモンドやウラン等の豊富な鉱山資源を有し、経済・政治とも安定しているが、人々の間の経済格差が大きい。また、ナミビアは世界経済社会フォーラムが毎年発表する「ジェンダー格差指数」では、２０２２年は8位と、毎年上位に位置づけられている。ナミビア北部はナミビアの人口約２４５万人の半数を占めるオヴァンボ人が居住し、調査を実施したオムサティ州は、人口の95％が村落部に住み農業に従事している。主食となるトウジンビエの他、飲料の材料となるソルガム、トウモロコシ、ササゲマメ、カボチャ等を主に自家消費のために栽培している。また牛、ヤギ、豚、鶏など家畜も飼育している。都市部で移民労働に従事する夫や子どもがいる世帯も多く、移民労働による送金が生活を支えていた。さらに、ナミビアでは60歳以上の個人に年金が給付され、この年金が主要な世帯収入となる事例もあった。調査対象地域では、一軒の家と家の間がとても離れており、家の周囲は広大な農地が広がり、隣の家が見えない場合が多く、各農家を訪問して行う調査は農家から農家への移動が大変だった。その移動の最中にも、また農家の農地の中にも、季節性小湿地があちこちに見られた。この地域は干ばつになる年もあれば、洪水で農地が水に浸かる年もあり、農家は食料を確保することが難しかった。そこでプロジェクトでは、干ばつになっても洪水になっても農家が食料を確保できるような農法を提案するという目的で行われていた。具体的には、彼らの主食であるトウジンビエは干ばつに強いが洪水に弱いため、洪水のときでも収穫できる稲を導入し、トウジンビエと稲を混作しようという提案だった。近隣には灌漑施設があり稲作が行われていたが、プロジェクトの対象地域では灌漑施設はなく、天水に頼った農業が行われていた。また、農家の人達は、コメを以前は祝い事など特別なときだけに食べていたが、近年は輸入米を街のスーパーで買うこともでき、日常に食べるようになっていた。しかし、プロジェクトの対象地域では稲作はほとんど行われていなかったため、稲を見たことがない農家も多かった。プロジェクトは稲作に関心のある農家を対象にワークショップを行い、稲作やトウジンビエとの混作の説明をしていた。このワークショップに参加した農家を一軒一軒訪問し、稲作についてどう考えているのか、コメをどのように調理しているか、また農家

写真３－３　ナミビア：家族を支える女性農民

出所：著者撮影。

の状況についてインタビュー調査を続けた。この地域では耕種農業には女性が主に携わり、男性は畜産に携わっていたので、ワークショップ参加者のほとんどは女性であり、インタビューの対象者も女性となった。農家の作付状況を把握するため、マッピング（地図作り）の手法を活用したファームスケッチを農家自身に描いてもらった。マッピングは対象地域の集落配置図や土地利用図を、住民の認識に基づいて作成することで、住民が何を重視しているか、どのように地域を理解しているか等を把握するために用いられる調査手法である。ファームスケッチを描いてもらった後、その絵を見ながら、「なぜ、トウジンビエを農地のここに植えるのか」「なぜ、ササゲマメとトウジンビエを一緒に植えるのか」といった質問をし、農家が作付を決める理由を把握していった。

前述のナイジェリアでの開発コンサルタントの業務を終え、2015年3月から再びナミビアに関わることになった。プロジェクトの博士研究員として、1年間の間にナミビアと日本を行き来した。プロジェクトが始まって3年が過ぎていた。このときの研究テーマは、プロジェクトで導入した稲作のように、外部からもたらされた新しい作物を、農家が採用する・しないという選択を世帯内で決定する基準を明らかにすることだった。そのために、農民の食料確保や食生活、世帯内での労働分配、支出と収入、稲作への関心と稲作経験など、プロジェクトのワークショップに参加した24軒の農家に対して繰り返し個別インタビューを行った。このうち23軒は女性であった。この地域では、女性は耕起以外の農作業を行う（播種、除草、収穫、脱穀、風せん）。耕起は男性が行い、トラクターを有料で借りて耕してもらう場合が多いが、世帯が所有するロバを使って夫や息子、兄弟が耕す場合もある。1年を通して、女性が家事（製粉、調理、掃除、洗濯、薪集め、水汲み）・育児、家畜の世話を行う。家畜の放牧は男性が主に従事するが、敷地内での餌やりを含む家畜の管理は女性が担っていた。世帯員は各自が得た収入は自分で管理する場合が多かったが、自家消費用の農作業に追われている女性農民は、現金収入を得る機会は限られていた。農作業を主力として担う女性農民と世帯主の関係を見てみると、5つに分類された。①女性農民が世帯主、②夫や兄・父など男性世帯主がいるが同居せず女性農民が実質世帯主、③女性農民の母・義母が世帯主、④夫や兄・父が世帯主で農業に携わらない、⑤夫や兄・父が世帯主で農業に携わる。①は夫を亡くしているケースで、子どもがいれば孤児手当が政府から支給されており、少額だが女性自身が収入の用途などを決めることができる。②は費用負担を男性世帯主が担い、女性が日常の支出や作付けは決めていた。夫が世帯主の場合、移民労働に出て送金してくるが、この送金がいつ途絶えるか分からない不安定な状況に置かれている例があった。③は離婚して実家に戻っている場合や、義両親と同居していて夫が亡くなっている場合で、母親・義母の権限が強い。例えば、プロジェクトの研修参加の際に義母から、「参加費は必要か。交通費は必要か。お金がかからないなら参加してよい」と言われている女性がいた。義両親と同居している農家女性にインタビューをした際に、敷地内でヒヨコが走り回っていた。よく見るとヒヨコの足に色の違う紐が付けられており、どんな意味があるのか尋ねたところ、自分のヒヨコ、義母のヒヨコと、所有者により色分けされていた。実母であれ義母であれ、前述のように60歳以上の個人に対し政府から年金が支給されているため、毎月現金収入が入る高齢者は世帯内の立場が強くなる。④・⑤では、夫または夫妻ともに年金受給者である例が多く、世帯としての収入も女性が管理できる現金もあり、女性が食料の確保も農作業に必要な支出も行えていた。主食のトウジンビエは収穫後、敷地内の貯蔵庫に蓄えられる。翌年までの食料とし

写真3－4　ナミビア：義両親と3世代で暮らす

出所：著者撮影。

て、また干ばつに備えて複数年分を蓄える農家もいる。トウモロコシや野菜類も余剰があれば売るが、多くは自家消費用である。しかし、調味料や油、足りない食材、日用品、教育費など現金収入は必要となる。また、畑を耕すトラクターやロバの費用、農繁期の作業員の雇用にも現金が必要となる。さらに、畑で十分に収穫できない場合はメイズ粉などトウジンビエの代替品食料を購入しなければならない。このように、農家の生活は現金収入がなければ成り立たない。農作業は家事や育児と同様に女性が当然担う役割とみなされ、アンペイド・ワークとなる。女性農民の農作業への従事は費やす時間と労力の多さに関わらず、世帯への貢献とみなされていない。世帯への貢献は「現金を世帯にもたらす人」と認識されているため、女性のアンペイド・ワークによる世帯への貢献は、世帯内での交渉力の向上に大きくは寄与していない。女性農民は稲作に関心を示していたが、購入していたコメを自分で栽培できれば現金の節約になること、敷地内にある季節性小湿地で稲の栽培が可能とプロジェクトから勧められ、自分1人で作業できる程度であったことが、稲作を実践する要因となっていた。結局、世帯内で意思決定に参加しづらい女性農民は、他の世帯員の現金や労働力に依存することなく、自分がコントロールできる自分の時間と労力を使って稲作を試みており、世帯内での話し合いを回避して望む結果を得ている。

何度も同じ対象者にインタビュー調査してきたが、そもそも何でコメを食べたいのだろうか。「主食はトウジンビエなのだから、トウジンビエを食べればいいのではないか？」と質問することで、コメを食べる理由を聞き出そうと思ったが、ある女性から意外な答えが返ってきた。「南アフリカの植民地時代に、コメや白いパンは白人だけに許される食べ物だった」という。お金のあるなしではなく、経済力のある黒人でも「黒人はトウジンビエを食べておけ」と言われていたのだという。レソトで働いていたときに同僚と南アフリカに出張し、目の前で人種差別を見ていたので、アパルトヘイトに関しては学んだつもりだった。移動や居住地、婚姻が規制されていたのは知っていたが、食べ物にも制限があったことは初めて聞いた。彼女は笑って「今ではコメを食べられるし、自分で育てられるのだから嬉しい」と話してくれたが、私は彼女に相当失礼な質問をしてしまった。

プロジェクトが提案した農法は、スロープ状になっている季節性小湿地を活用し、一番深い水のたまる部分にイネを、上の部分にトウジンビエを植え、その間の部分は、その年の雨の状況で水位が変わるので、イネとトウジンビエの両方を植えるという方法であった。また、畝にトウジンビエを、畝と畝の間の水が溜まる部分にイネを植えるという方法も紹介した。しかし、プロジェクト開始から4年が過ぎ、ほとんどの農家はこの農法を採用しなかった。多くの農家は「トウジンビエは水を嫌う。イネは水を好むとプロジェクトに教わった。トウジンビエは水の傍に植えられないので、トウジンビエとイネは混作できない」と認識していた。季節性小湿地のスロープを活用するアイデアは、ソルガムとイネの混作で実践され両方収穫できたという農家も複数あった。トウジンビエは重要な主食であり、長年栽培してきた作物なので、自分たちの方法を変える必要を感じていなかった。農家は気候が近年不安定になり、洪水と干ばつを繰り返しており、以前ほどトウジンビエが収穫できないと理解していた。トウジンビエの代替食料となるコメを、購入ではなく栽培によって確保したいというニーズはあったものの、プロジェクトが提案したイネとトウジンビエの混作という方法は、農家のニーズには合っていなかった。イネとトウジンビエの混作が可能な方法であっても、農家が受け入れるとは限らない。作物が対象地で育つかどうかが重要なことではなく、その作物を育てている農家の暮らしや生計戦略、世帯内での力関係や役割に着目した提案が重要なのだろう。

ラオスの織物グループの女性たち

大学教員に転職して1年目、研究テーマは相変わらず世帯内意思決定についてだったが、東南アジアで調査をすることにした。これまでの世帯内意思決定の研究から、女性が世帯内交渉力を向上させる要因として、女性の経済力の向上、頼れる実家や親戚のネットワークがあること、土地や家屋を所有していること等が挙げられてきた（Agarwal, 1997. Quisumbing, 2003）。結婚後に妻方の実家で妻方の両親と同居して生計を共にし、女性が土地や家屋を相続できる母系社会では、女性の交渉力を向上させる要因を女性は結婚時に既に取得していると考えられる。そこで、２０１６年８月、伝統的に母系社会であるラオス北部のルー人の集落において、女性の経済活動と世帯内の収入管理や意思決定の現状を調査した。フィールド調査はラオス北部サイニャブリー県ホンサー郡A村において、織物を製作している女性グループを対象に行った。メンバーの女性27人にアンケート調査、そのうちリーダー格の女性３人とリーダーの夫1人、メンバーの女性３人に対して個別インタビュー、16人のメンバーを対象にグループディスカッションを、ラオ語の通訳を介して実施した。A村は２７３世帯が暮らす集落でルー人が住み、周囲の村はラオスの多数を占めるラオ人が主に住んでいる。2010年に村に研修センターが建設され、女性を対象に洋裁の研修が行われ、この研修を契機に個人で織物を作り販売していた活動が、グループ活動に発展していた。ラオスでは民族・集落ごとに、絹や綿の伝統的な織物の柄があり、その技法は母親から娘へ伝えられている。A村もルー人の伝統的な柄の藍染の綿織物が継承されている。A村には3つの織物グループがあり、G氏のグループは12人、V氏のグループは25人、J氏のグループは64人のメンバーがいる。織物は女性のアイデンティティとされ、シンと呼ばれる巻きスカートとして使われている。しかし、腰痛や目の痛みから高齢になると織物をやめる女性もいる。また、近年、レストランやオフィスなど、女性の経済活動の選択肢が増えたため、若い女性は織物をしない。A村の織物の材料は綿で、各自が畑で綿花を栽培・収穫したり、他の農家から購入したりしている。リーダーから材料を貰い、織りの代金だけを受け取るメンバーもいる。女性達は収穫した綿花から種を除去し、起毛させ、糸にする作業を伝統的な道具を用いて手作業で行う。染色は藍や、村内に自生する植物や栽培する植物を用いる。メンバーは染色、織り、縫製、刺繍と作業を分担している。3人のリーダーは織物の作業工程には携わらず、商品の販路の確保や新しいデザインの企画、販売先から得た注文をメンバーに割り振るなど、グループ活動の管理を行う。リーダーの家で紡ぎや染色、織りを行うメンバーもいるが、多

写真３－５　ラオス：ルー人の織物製品

出所：著者撮影。

くのメンバーは自宅で作業をし、完成した布をリーダーに渡して対価を受け取っている。織物の製作を他の織り手に任せて製品に対して対価を支払い、その金額よりも高い金額でリーダーに納品する人もいる。３つの織物グループは首都ヴィエンチャンや、隣県でラオス最大の観光地であるルアンパバーンへ製品を卸している。その他、リーダーの自宅には店舗が併設されている。織物グループはリーダーを頂点として２重３重に下請けの織り手がいて、各自が糸紡ぎや染色、織りの作業を行い、糸や織物を売って対価を得ている。グループで集まる機会は、政府機関などの訪問や研修の機会がある場合のみである。リーダーはメンバーから現金の前借を依頼されることもあり、メンバーにとってはリーダーと良好な関係を保つ利点となっている。一方、リーダーにとっても、製品の販売先から多くの注文を引き受けて利益を上げるためには、注文通りの作業を行うメンバーが必要となる。調査時、注文が多く織物を製作する作業が追い付いていない状況であった。メンバーと良好な関係を保つことはリーダーにとっても重要である。

ラオスの法定最低賃金は月額90万キープ（1円が約72キープ：2017年8月時点）で、首都ヴィエンチャンの工場労働者の月額賃金が約146万キープである。織物グループの女性たちは仕事量によって対価は異なるが、A村が主要都市から離れた村落部であることを考えると、織物からの収入は低くはない。V氏は1ヶ月の売上が約1、800万キープで、300万キープを自身の収入に、残り1、500万キープをメンバーに支払い、1人あたり約60万キープになる。J氏は1ヶ月の売上が約1、000万キープで、500万キープを自身の収入に、残り500万キープをメンバーに支払う。G氏もメンバーに支払う総額が1ヶ月500万キープ、自身の収入は1ヶ月に約300万キープである。A村のあるサイニャブリー県は首都から離れた地域であるが、首都の賃金労働者の月収と比べてもA村の織物グループのメンバーは高額な報酬を織物から得ていることが分かる。調査対象者は収入を「家族のため」「生活費」に使用しており、織物からの収入によって「良い生活ができるようになった」「子どもに高等教育を与えられた」「自分の家にお店を作れた」「車を買った」「生活水準が向上した」と捉えている。また、G氏は「織物の利益で子どもに教育を与えられた」と収入を教育費に使用しているが、「娘は織物の仕事で収入になるので学校を続ける必要がなく、娘2人は高校を中退し織物の仕事を手伝っている」と、高等教育より経済活動を優先させている。グループを形成する利点として、G氏のグループメンバーであるM氏は「来客がある際にグループで準備でき、自分に予定があって対応できなくても他のメンバーに依頼できる」、V氏のグループメンバーであるS氏は「リーダーが販売先を知っているので、個人で売るよりもV氏に渡す方が利益になる」と言う。S氏はV氏のグループに属しているが、織物製作による腰の痛みから、現在は自分で織らずに5人の織り手に仕事を依頼し、その製品をリーダーに渡して利益を得ている。5人ともA村に住み、現金を得る活動が他にない女性である。5人の織り手は1人が1ヶ月に5枚の巻きスカート用の生地を織り、S氏から7万キープを受け取る。S氏は巻きスカート1枚当たり17万キープをV氏から受け取っている。つまりS氏はリーダーのV氏からは25枚分の巻きスカート織物の対価として425万キープ受け取り、5人の織り手には総額で35万キープを支払い、自身の収入は390万キープである。織り手はS氏がV氏から得る額、つまり自身の製作した織物の対価を知らず、S氏以外の売り先を知らないためS氏が決めた金額を受け取る。5人の織り手から見ればS氏は仲介者である。また、自分自身で織りをするメンバーでも、材料の綿を紡ぐ作業を自身で行わず、他の村人が紡いだ糸を買い取っている例も多い。そこにもS氏と織り手の関係と同様に、織り手は糸を紡いでいる人から見て仲介者となっている。現金収入の手段に乏しい村の女性にとって、綿を紡いで糸にする、織り物を作ることで現金が得られているが、関わる女性の間での格差は広がっていく。

母系のラオ人やルー人の世帯では、世帯の収入は妻が管理する。調査対象者の世帯でも世帯員の収入は妻が一括管理していた。夫や娘、息子が得た現金収入は妻に渡され、妻が支出管理をする。夫が自給用の農作業だけに従事している場合は夫が収入を得る機会はなく、換金作物のゴムを栽培している場合はゴムを販売した収入がある。夫は現金を必要とする際は妻に伝えて現金をもらうが、実際には現金を必要とする機会は少ない。食料はほぼ自給し、日用品、光熱費、農具・肥料等、教育費などは妻が管理する世帯収入から支出されるため、夫が自身で購入するものは限られている。世帯内で話し合う事項としては、「子どもの進学先や仕事について」「畑に何をどのくらい植えるか」「畑仕事に人を雇用するか」「家畜の売買」「土地の購入」等が多く挙げられた。しかし、「意見が合わないことは特にない」「話し合って決めるので、問題はない」「意見が合わないこともあるが、何の話だったか覚えていない」という回答もあった。織物グループの活動に関しては、リーダーV氏は、「織物をどこにどのくらい売るか」「自宅店舗の商品の値段をどうするか」「原材料である綿の作付面積を増やしたいが、夫妻とも高齢になり対応をどうしようか」という例を挙げた。リーダーV氏の夫は、「織物の柄をどうするかで意見が合わないことがある。でも織物は妻の方が詳しいので、妻の意見が最終決定になる」と笑って答えた。調査対象者からは、世帯内の意思決定をめぐる意見の相違はほとんど事例が挙げられなかった。伝統的に妻が世帯の収入を一括管理し、日常の買い物は妻が決定していること、食料の多くを購入せず現金を支出する機会が限定的であり、資源分配をめぐる選好の違いがあまり生じないことが理由として考えられる。また、「話し合う」という言葉が多く語られており、夫妻間で意見を交換することが実践されていることが分かる。

調査対象者からは明確なジェンダー規範は観察されなかった。「良き妻」「良き女性」の特徴として挙げられたことは、「正直であること」「嘘をつかない」「法律に反することをしない」「ラオスの文化を守る」に集約され、「良き夫」「良き男性」については「良き妻・女性と同じ」という回答であった。「良き母」の特徴についても、「子どもと夫を愛する」「子どもに良い行動をみせる」であり、「良き父」は「良き母と同じ」であった。また、「女性はこうあるべき」「男性はこうすべき」という表現は、アンケート調査、個別インタビュー、グループディスカッションすべてにおいて確認できなかった。リーダーV氏の夫、リーダーG氏の夫は妻の織物の活動を手伝い、織り機や染物の過程で重たい物を運んだり、店番をしたりしている。リーダーJ氏の夫は既に亡くなっている。調査対象者の夫の中にはA村近郊で賃金労働に従事している事例も複数あるが、多くは農業に従事し収入を得ておらず、そのような状況を「仕事をしていない」と捉えており、「夫は仕事がないので毎日畑仕事をしている」と夫の生活を説明する例もあった。毎日の料理や掃除・洗濯は妻や娘が行っているが、夫や息子が手伝うこともある。育児は母親がすべきという認識はなく、夫、妻、年長の子どもが小さい子どもの面倒をみている。自給用の畑仕事はゴムなど一部を除いて収入を得る活動ではないため、料理・掃除や育児のように無報酬の家事労働と同等に捉えられている。そのような状況で女性が織物グループの活動で現金収入を得るようになり、妻方両親から贈与された土地に加えて、妻は財を所有し、世帯内で妻の経済力が夫に比べて強い。しかし、家父長制の社会に見られるような「家長である夫が多く稼ぐべき」「夫が最終決定をすべき」という規範は見られない。

ルー人は結婚後に妻方両親の家に同居し、夫は妻方の両親の畑仕事の労働力となることを期待され、夫に現金収入がある場合は、世帯の収入として妻が家計管理を行う伝統がある。数年間の同居を経て、夫妻は妻方両親の敷地内や近隣に家屋を建てて独立世帯となるものの、世帯収入の管理を妻が行うことは当然視されている。女性の世帯内交渉力向上の要因とされる財の所有と拡大家族からの支援は、結婚後の妻方居住と妻方両親からの土地の贈与により得られている。さらに、現金収入を得る機会が限られている村落部において、多くの男性は自給用の畑で農業に従事しているが、女性は織物グループの活動により現金収入を得るようになり、世帯内の経済力は妻の方が高かった。世帯内で意見が異なる場合は話し合って決めており、家父長制社会にある「家長である夫が最終決定をする」という認識は男女双方に見られず、明確な性別役割分業やジェンダー規範は観察されず、ジェンダー規範が人々の認識や行動を規制していない。近年、結婚後に妻方両親との同居から独立する夫妻が多くなったり、賃金労働に従事する男性も出てきたりと、伝統的な母系社会の生活様式は変化してきている。今後、妻方両親との別居や男性の賃金労働が一般的になるにつれて、世帯内の意思決定が変化するかもしれない。

タイの母系社会の女性たち

ラオスでの調査後、母系社会での性別役割分業やジェンダー規範の変容と、女性の世帯内意思決定への参加を研究することへの興味が増した。しかし調査地までのアクセスの悪さと、村に長く滞在することが難しかったため、同じ母系社会の伝統が残るタイ東北部で新たに調査をすることにした。タイは1970年代以降、著しい経済発展を遂げている。1990年代後半のアジア通貨危機の影響や、都市部と農村部の社会的経済的格差という負の側面があるものの、経済発展の結果、過去50年ほどで人々の生活は大きく変化している。１９６０年代から１９７０年代に生まれた人々は、一生の間にこの大きな変化を体験した。農業を主要な生業とした生活から、賃金労働により男性だけでなく女性も現金収入を得る機会を持ち、さらに移民労働による送金に依存する生活と変化する中で、性別役割分業も変化したことが想定されるため、ジェンダー規範の変容を検討するには適切な対象地である。

２０１６年の年末から、タイ北部ウドンタニ県クチャップ郡の３村で調査を行った。クチャップ郡はウドンタニ中心部から車で1時間ほど西にあり、人口5・5万人で、コメ、キャッサバ、サトウキビ、ゴムの栽培が盛んである。また県外や国外へ移民労働に出る人が男女とも多い。対象地では１９９０年代後半に、青年海外協力隊員の支援を受けながら女性たちがグループを作り、一村一品運動の製品として地域の伝統的な織物を製作・販売していた。この一村一品のグループ活動をしていた女性17人を調査対象とし、２０１６年12月から２０１７年1月と２０１７年3月、２０１７年8月に現地調査を実施した。女性の収入獲得が世帯内の役割にどう影響するか、性別役割分業を形成するジェンダー規範に変化はあるのか、そして世帯内意思決定プロセスは影響を受けるのか等を調査した。40代から50代の既婚女性と夫に個別インタビューを行い、20年前頃からの自身の人生を振り返ってもらい、性別役割分業やジェンダー規範の変化を分析した。

写真３－６　タイ：ほぼ自給自足の豊かな暮らし

出所：著者撮影。

この地域はラオス同様に母系社会の伝統が残り、結婚後に妻方居住する。末娘が両親と同居し、土地を相続する慣習が残る。夫は妻の実家の畑の労働力となることが期待される。近年、県外や国外に移民労働に出かけ、送金により妻の実家と子どもの生活を支える世帯も多い。夫が担っていた妻実家の畑仕事は、送金される収入で人を雇用して代替されるようになり、子どもを実家に預け、妻も移民労働に出る場合もある。結婚後数年すると夫妻は妻の実家の敷地内や近隣に家屋を建てて住むが、妻は実家とのネットワークを保ち続ける。こうして移民労働先を数回変えながら、数年から10年程度、県外や国外で過ごし村に定住する。その後、自身の子どもが成人して移民労働に出ていき、村で孫を育てながら子どもの送金で暮らしていく。多くの女性はこのようなライフサイクルを送る。離婚しても子どもは母親が育てるため、このライフサイクルは離婚した女性も同様である。

夫妻とも経済活動や婚姻に関してジェンダー規範はほとんど認識していなかった。世帯の収入は妻が一括管理する例が多く、収入の用途は収入を管理する妻が決め、夫は現金が必要な際に妻に支出を頼んでいた。日常生活に必要なものは妻が購入しているので、夫に現金が必要となる例として、酒やタバコが挙げられる程度だった。世帯内で話し合う事項として、畑に何の作物をどのくらい植えるか、畑仕事に雇用する人をどう探すか、報酬をいくらにするか、子どもの移民労働先等が挙げられた。「世帯員の誰かが決める」「夫の決定に従う」という回答はなく、「よく話し合う」「お互い納得できるまで話す」という語りが、夫と同居する全調査対象者に見られた。しかし、20年前頃はグループでの経済活動参加を夫に制限されたり、女性が離婚や未婚でいることに対して悪く言われたり、女性が携われない経済活動があったり等、女性であることで不平等に感じていたという。村の女性たちが認識する20年間の変化として、都市部や国外を含めた女性の経済活動の機会が増したこと、二輪車が普及し女性のモビリティも拡大したこと、テレビや携帯電話の普及で情報へのアクセスが容易になったことが挙げられた。一方で妻方居住による妻側の実家とのネットワークの確保や、妻が世帯収入を管理する慣習には変化がない。また、モビリティが拡大したため人と出会う機会が増え、結婚、離婚、再婚が以前より容易になったという変化も認識されていた。実家に暮らす女性にとって、離婚しても夫が家を出ていくだけで生活は大きく変わらず、また離婚をネガティブに捉えることも少なくなったため、離婚が女性のコミュニティでの生存や尊厳を脅かすこともない。また、妻が夫よりも収入が多い例についてネガティブに捉えていない。「良き妻」「良き夫」について、「妻/夫はこうあるべき」という規範よりも、「配偶者として、人としてこうあるべき」と双方に共通のあるべき姿を回答する例がほとんどであり、良き母親・父親、良き娘・息子についても同様であった。

インタビューした女性たちの中には、ジェンダー規範に挑戦する傾向がみられる人もいた。3人の事例を紹介する。

事例1　N氏(52歳、15年前に離婚、コメ販売会社代表)

昔は17歳から18歳ころに女性は結婚するもので、大人が結婚相手を選んでいた。結婚後は女性の両親と一緒に住み、夫は畑の労働力となることを期待されていた。夫の両親からはいろいろな文句を言われた。昔は離婚の原因の1つは、夫の両親が息子を心配して妻の実家や妻に不満を告げることだった。私と夫は、初めはお互いに愛情もなかったが、一緒に生活して困難も喜びも一緒にし、助け合ってお互いに好きになった。しかし20年たって、夫が別の女性と浮気し別れた。村では離婚はネガティブにみられたので、子どもを立派に育てることを目標に、子どもはバンコクの大学で学ぶことができた。私は離婚後、お米を売買するビジネスを立ち上げ、今では周辺の14の村からお米を買い集め加工し、ウドンタニの街中でも売っている。従業員は10人雇い、年間を通して給料を支払えるほどビジネスは上手くいっている。昔はウドンタニに行くのに、トラックにすし詰めにされていた。裸足だった。バナナの葉をお皿にして、小魚、カエル、ハーブをおかずにしていた。巻きスカートをはいていた。洋服は都会の市場にしかなかった。綿織物の服で行くと、田舎から来たとみられるのが嫌だった。今ではそんな風に思わず、むしろ織物の服を誇りに思う。もう男性に頼るのはやめた。自分で稼いで生きていける。そういう女性が増えてきて、男性も女性の話を聞くようになった。古い人は男性が上に立つリーダーで女性は従うと思っている。村の人はこういう考えの人が多い。私は自分で稼げることを誇りに思っている。男も女も同じ。体力は男性が強いけれども、家のことや家事、育児のことなど女性のほうが詳しい。(2016年12月、2017年3月N氏からの聞き取り)

事例2(S氏、46歳、既婚、自治体勤務)

19歳で結婚した。夫は別の村の出身で、結婚後4年間は私の両親と同居していた。その後、敷地内に家を建て、今でも私の両親の隣に住んでいる。8年前に自治体の職員となった。自分で稼いでいることを誇りに思う。収入の額は関係なく、収入があることが誇りに感じる。夫の収入より妻の収入が多くても別に構わない。女性が稼ぐのが上手だと思われる。かっこいい、すごいことだと思う。収入は夫妻で一緒にしていて、私が管理している。夫は酒、たばこ、賭け事はしない。夫が現金を必要とするのはガソリン代や車の修理ぐらいで、その都度、私がお金を渡している。女性のほうがお金の使い方が上手だと思う。夫は人と話すことが好きではなく、他の人とのやり取りが苦手。私はそういうことができるので、私が世帯主だと思う。世帯主とは、いろんなことができる人。考えるだけでなく行動できる人。実行が伴う人のことを指す。この家では私が世帯主。昔は、女性は家にいるばかりだった。しかし、今は、女性の立場、役割が上がった。政治や仕事など男性と同じ。今は政府も女性にリーダーの機会を提供している。(2016年12月、2017年3月S氏からの聞き取り)

事例3(L氏、44歳、既婚、農家)

家族の収入は一緒にしていて、家族全員の分を自分が管理する。子どもからの送金も自分が管理する。夫はタバコも酒もしない。お金を使うことがなく、物を買うことがない。結婚して20年になるが、ずっとそんな感じだった。夫は稼ぎをすべて自分に渡してくれる。夫がお金をせがむことはなく、何を買うかは自分がやりくりする。畑で穀物、野菜、果物を栽培している。野菜や果物は村の市場で毎日売って、毎日少しずつ収入がある。お金を得られると家族の必要なものを買える。昔は現金収入の機会がなかった。ゴザや織物を作るくらいだった。20年前に一村一品運動の製品として織物をグループで製作・販売していたときは、グループ活動が盛んだったが、町に出かけることを反対する男性もいた。私たちも町に出かけることが珍しく、服装で田舎の人と扱われたり、方言が恥ずかしかったりした。昔は女性の役割が家の外にはなく町に出かけることがなかったが、今では女性の役割が上がって女性の社会進出が進んできた。女性は教育を受けて家にいるだけではない。女性がコミュニティのリーダーになっても構わないと思う。男女平等なのだから。夫より稼ぐ妻がいてもいいし、家族みなで助け合えばいいと思う。家族の中で誰が支配的かということはなく、みなで話し合う。過去20年で村の生活は変わり、様々なことを体験して、女性に対する規範が変わった。女性の役割が上がり、男女平等となった。（２０１６年12月、２０１７年3月 L氏からの聞き取り）

上記の3事例に共通することとして、まず自身が経済活動に携わり現金収入を得ていることが挙げられる。事例1は自身で起業、事例2は自治体職員、事例3は農家と経済活動は異なるものの、自身で収入を得て、世帯員の収入も合わせて自身が管理している。調査対象地域では世帯員の収入は妻が一括管理する慣習があり、妻が収入を得ていない場合でも夫の収入は妻が管理している。しかし「自分で稼いで生きていける」「自分で稼いでいることを誇りに思う」「お金を得られると家族の必要なものを買える」と、自身が収入を得ることに価値を置いている。次に、「昔は女性が町に出かけることを反対する男性もいた」「昔は大人が結婚相手を決めていた」「昔は、女性は家にいるばかりだった」など、20年頃前の自身が若いころは、女性が物事を決めたり自由に行動したりすることは難しかったと認識しており、現在では「男も女も同じ」「今は女性の立場、役割が上がった」「女性に対する規範が変わった」と、女性を取り巻く状況が変化したと認識している。さらに、「もう男性に頼るのはやめた」「私が世帯主」「家族の中で誰が支配的かということはない」と、男性が家長というジェンダー規範と異なる認識を持っている。

1年半の間に4回、タイ北部での現地調査を実施した。その間、村の女性宅に滞在させてもらい畑や市場に行ったり、近所の家々でご飯を食べたり、お寺の行事に参加したり、結婚式に参加したりと、村の人々の日常生活を体験しながら観察した。40代から50代の調査に協力してくれた人々は、高齢の親も含めて3世代、4世代が一緒に暮らしていたり、子どもが移民労働に出て孫の面倒を見ていたり、離婚して子どもからの送金で暮らしたりと様々な状況にあった。「足るを知る経済（注1）」という考えが浸透しているのか、村の人々は現状に満足して幸せに暮らしているように思えた。自分の家があり、敷地内で魚の養殖や養鶏をし、日常に使用する野菜やハーブも育て、果樹もあり食べ物には困らない。村の中には広い畑があり、自家消費用と販売用にコメや他の農産物を育てる。豚や水牛を育てる人もおり、自分で調達できない肉や魚、油や調味料は村の市場で購入できる。販売用のキャッサバやサトウキビは業者が村まで集荷に来るので、遠くまで売りに行く必要もない。夫や子どもが移民労働で得た収入を送金してくるので、現金収入にも困らない。これまで携わってきたニジェールやレソト、ナイジェリアといったアフリカの生活とは大きく異なり、何の問題もないように思えた。ジェンダー平等に関しても、男らしさ・女らしさの規範は緩く、未婚や離婚にネガティブな見方もされない。料理や掃除、育児を男性が行う姿も度々見かけた。一方、気の毒に思えた男性はいた。結婚後に海外に移民労働に出て妻の実家に送金を続け、数年後に戻ってきた際には妻には別のパートナーが出来ており、その新たなパートナーは妻の実家で暮らしていた。男性は妻の実家に暮らすことも出来ず、結局、村の親戚の家に間借りしていた。結婚後に実家を離れずに、実家の土地や家屋を相続するということは、女性の立場からは心強い後ろ盾であり、世帯内交渉力向上の大きな要因だと思えた。

カメルーンでポリガミー（注2）に翻弄される女性たち

再びアフリカへ戻りたくなり、2018年8月にカメルーンへ調査に出かけた。カメルーンは女性が直面している開発課題が明確にあり、世帯内で収入を別々に管理していたため、女性の世帯内交渉力向上の研究に適した地域であった。ナイジェリア駐在中に訪問したことがあったが、日本からは長い道のりだった。経済的な路線を選択し、エチオピア航空で成田からソウル経由でエチオピアへ、エチオピアからガボンの首都リーブルヴィルを経由し、カメルーンの首都ヤウンデに到着する。カメルーンは中央アフリカに位置し、一部地域を除きフランスの植民地だったので、公用語はフランス語である。これまで各地で調査をしてきたが、いつも現地語と英語の通訳を介してインタビューをしていた。どうしても通訳の語彙にも影響されるので、本当は、相手はどんな意味で話しているのだろうと疑問に思うことがあったが、調査の限界として仕方のないことと思ってきた。特にジェンダー規範や婚姻の状況、夫との話し合いなどデリケートな話題が多くなるため、直接話したいと思っていた。カメルーンは多民族国家で、1つの地域に様々な言葉を話す人々が居住している。調査を実施した中央州のレキエ県オバラ地域内の農村においても、様々な民族が近隣に住んでいるため、50代、60代の農村女性でも公用語のフランス語を話す。青年海外協力隊としてニジェールで活動した際に学んだ拙いフランス語が役に立ち、村の女性たちと通訳なしでコミュニケーションがとれた。お互いに語彙

写真３－７　カメルーン：女性協同組合のメンバー

出所：著者撮影。

に限界はあるものの、夫とのやり取りや婚姻についての考えなど、村の女性たちが話す言葉をそのまま聞けるという経験は、これまでの研究ではできなかったことであり貴重だった。

調査は中央州のレキエ県オバラ地域内の農村で実施した。カメルーンの行政区分では全国を10州に分けており、中央州は首都のヤウンデを含む州で、人口が４００万人を超え最も多い。中央州には９つの県があり、レキエ県は首都ヤウンデに接している。オバラ地域はレキエ県に９つある地域の１つで、首都ヤウンデから45キロメートルと近接しており、オバラ地域の住民が乗り合いの車で首都まで日帰りすることも可能である。調査対象はレキエ県内の65の村の女性グループを束ねる女

写真３－８　カメルーン：キャッサバ加工品を作る女性

出所：著者撮影。

性協同組合 RESOBIL（以下、女性協同組合）のメンバーである。女性協同組合は２００８年にオバラ地域において、元公務員の女性のイニシアティブで設立された。当初は周辺7カ村のグループが加入していたが、徐々にメンバーを増やし、オバラ地域および周辺地域の65カ村のグループが加入し、組合員は約１，１００人いる。活動内容は、農業機材の共同利用、苗の育成・配布、キャッサバ加工品の生産、共同畑での作業、マイクロクレジット、家畜飼育の研修・家畜の供与、家畜小屋の建設支援等である。

オバラ地域の住民の多くは農業を生業としており、1年に2回、3月から6月、8月から11月の雨季を利用してキャッサバ、トウモロコシ、落花生、ココヤム、じゃがいも、プランテーン、バナナ、葉物野菜、スパイスなどを栽培している。自家消費用に栽培するが、余剰を販売する農家もいる。バトンと呼ばれるキャッサバの加工品（キャッサバの粉を水で練って蒸す）が日常に食されているため、キャッサバの栽培は販売目的でも栽培され、この加工品づくりが女性の間で盛んに行われている。販売は女性が自分自身でオバラ地域中心部のマーケットや首都ヤウンデのマーケットに持っていき、バイヤムセラムと呼ばれる仲買人（女性）に売る。その他、茹でた落花生や揚げたプランテーンを販売する女性もいる。また、養鶏や養豚に携わる女性もいる。女性個人で養鶏・養豚を行う場合もあるが、グループ単位で行う女性もいる。オバラ地域中心部に近い村の女性は、飲み物や雑貨を売る店を持つ例もあるが、多くの女性は農業以外に収入を得る手段がない。この地域では、女性が自家消費用の作物の栽培に責任を持ち、料理、洗濯や掃除などの家事と育児をし、男性は家屋に関わる費用、子どもの教育費、購入する食料費、世帯に必要な費用に責任があるとされている。しかし、多くの夫が義務を果たさず、必要なお金を妻に渡さないという。例えば、「夫は収入をビールに使ってしまい、子どもの食べ物がなくても気にしない（46歳　事実婚）」「夫が何にお金を使っていたか知らない。夫は何もくれなかった。夫と収入の用途を話し合うこともなかった（60歳　寡婦：法律婚）」。「以前は夫と収入の用途を話していたが、夫に2番目の妻ができ、夫と話し合わなくなった。もう夫の収入に関心もない（50歳　法律婚）」。そのため、女性は自身の収入を子どもの教育費や食料、その他の世帯の必要な支出に充てて生活を維持している。このような状況で、女性にとって夫がいることのメリットはあるのだろうかと疑問に感じたが、女性は婚姻によって夫が所有する畑を使用できるようになり、その畑で自家消費用の作物を栽培し生計を立てている。つまり、自分が食べる作物を育て、また経済活動のための作物を育てられる土地へのアクセスを、婚姻によって得ている。畑を開墾し耕す作業は夫の役割とされているが、この役割も果たさない夫が多く、女性は自身の収入で男性を雇用し開墾や耕起の作業をさせている。この地域はカカオの一大産地で、多くの男性はカカオ畑を相続により所有している。女性は夫が所有するカカオ畑での作業に無償で駆り出される。カカオの収穫は9月から12月の間に行われ、実を取り出し乾燥させたものを袋に詰める。これらの作業は、女性の自家消費用や経済活動としての農作業より優先されるため、妻は自身の畑での作業や他の経済活動に従事できなくなる。そのため余剰農産物の販売やキャッサバ加工品を作り販売することが難しくなり、カカオ収穫期は女性の収入が減る。カカオ生産の協同組合が村にはあり、集荷所まで業者が買い取りにくる。カカオの買取価格は安定していないが、特定の仲買人以外に販売先がない農家が多い。カカオの収入は1年に1回で、まとまった金額を受け取り、多くの男性はカカオから得られる収入に依存している。夫の死後に夫のカカオ畑を引き継いでいる寡婦、自身でカカオ畑を購入して所有している女性もいる。

カカオ農民以外の男性の経済活動は、自営業で溶接工や電気工、バイクタクシー運転手、教師、軍人、公務員が挙げられたが、調査対象者の夫は、これらの経済活動に従事していてもカカオ畑を所有していた。またカカオ農民の男性よりも、農民以外の男性はカカオ畑の作業を妻の無償労働に任せていた。

妻と夫は収入を別々に管理し、用途も各自で決める。ほとんどの女性は夫のカカオからの収入を知らされず、収穫した量とその年の価格から推測していた。また女性も自身の収入について夫には話していなかった。このように夫が夫の責任とされる世帯ニーズの支出をしないが、妻は夫との話し合いの機会も持たず、自分自身で収入を得て、不足する世帯ニーズや子どもの教育費を賄っている。また、現金が必要な際は夫や親戚に頼ることはなく、村のグループや協同組合に借りていた。少数だが、夫妻で収入を一緒にしないが夫が生活費を毎月妻に渡し、男性の役割とされる教育費や家屋の費用を支出する例もある。「夫は1ヶ月に15,000CFAから20,000CFAを生活費にくれる。教育費や家に必要な費用は夫がすべて出している（51歳　法律婚）」。「夫は収入を教育費や世帯ニーズや自分のビールに使う。夫の収入用途を話し合うことはない。学校が始まる9月になっても教育費を払わないこともあった（31歳　事実婚）」。また、収入を夫妻で一緒にする例もある。夫がカカオ農民で妻がキャッサバ加工品を販売する夫妻は、「収入は夫と一緒にする。夫は自分の収入額を知っている。夫はカカオの収入で1年間に100万CFAくらいあり、その用途は一緒に話し合う（57歳　法律婚）」と言う。夫が病院勤務を退職しカカオ農民となり、妻が養豚と農産物販売をしている夫妻は、「夫とは畑仕事も養豚も、夫のカカオ畑の作業も一緒に行い、収入も一緒にし、何に使うか2人で話し合う（58歳　法律婚）」と言う。このように夫妻で世帯収入を一緒にしている2例は法律婚をしており、また夫の収入が多いという共通点があった。

２０１９年の８月、再びカメルーンを訪問し、女性協同組合の農家の女性たちにインタビュー調査を実施した。２０１８年の調査では、結婚には法律婚か事実婚かがあり、女性の暮らしの安定に影響すると言われていた。また、ポリガミーが広く実践されており、第２夫人が同居していたり別居していたり、さらに恋人が別にいたりという状況である。調査対象地域では結婚相手を自分たち自身で決めており、親が決めた例はなかった。夫が妻に婚資を払い終わらないと正式な結婚とみなされず、結婚証明書を役所に申請できない（法律婚）。しかし、婚資の支払いが終わらなくても婚約者という形で同居する例（事実婚）も多く、「18歳のときにこの村に住む夫の家で同居を始めた。夫が婚資を支払い終わったのは28歳のときだった」「夫と一緒に暮らし始めて38年が経つが、まだ婚資を支払い終わっていない」という女性もいた。男性の経済力が低下していて婚資を払えないが、支払う予定もなく事実婚を続けていると疑っている女性もいた。事実婚の場合、男性の死後、男性の親戚が家屋と土地を相続するため、同居していた女性は土地と住居を失う。そのため女性は事実婚として同居を始めても法律婚にするよう夫に要求を続ける。「自分が23歳、夫が24歳のときに事実婚で同居を始めた。現在は46歳だが未だに法律婚ではない。夫には法律婚にするよう何度も要求している。今は夫の土地を使っているが、夫が死去した際は使えなくなる。自分の父親の土地は兄弟が相続したのでもらえない。夫が第2夫人を得ることを恐れている（46歳　事実婚）」。しかし法律婚であっても安泰ではない。「夫はカカオの収入が多くありお金がある。夫の収入の用途に何も言えないが、夫は教育費や世帯ニーズを賄っている。夫には何人も妻がいて自分は第1夫人で法律婚なので、夫の土地へのアクセスはあるが、夫が他の妻たちにお金を使うと、子ども達へのお金が減ることを心配する（63歳　法律婚　第1夫人）」と、ポリガミーの実践によって、世帯全体の収入の多さが世帯員の経済的豊かさに繋がるとは限らないことが分かる。女性は土地を使用できないと、自家消費用や経済活動のための作物を栽培できなくなるため、夫の土地が必要である。女性が土地を購入することは可能だが、多くの女性にとっては土地を購入する経済力はない。親からの土地の相続は男性の兄弟間で行われることが多い。女性が親からの土地を相続できる場合もある。しかし「親の畑はまだ兄弟間で相続していないが、自分が相続できても交通費が高くて通えない」と、結婚後に実家から離れた村に住んでいる場合、日々の農作業のために交通費を払って実家の村に出かけることは難しい。また、夫と死別後に、実家に戻り親の土地を相続した例もある。「夫に法律婚にするよう何度も頼んだが拒否された。夫とは22年間同居していたが、死後、夫の兄弟がやってきて土地を分け、家から追い出された。自分は実家に戻り父親の土地を相続した（72歳　寡婦：事実婚）」。このように、女性が生計手段である土地を安定して所有することは困難が伴う。女性は夫との婚姻関係を維持するため、また法律婚のステータスを得るため、ドメスティック・バイオレンスの被害にあっても離婚できず、夫が第2夫人を得たり、収入を世帯ニーズに使わなかったりという不満を抱えていても夫に従っていた。女性たちは事実婚であれ法律婚であれ、第2夫人や恋人に夫の収入が使用され、教育費や世帯ニーズへの支出が減ることを心配していた。女性たちはポリガミーに対して否定的で、「争いの元になる」「家庭を壊すもの」と捉えていた。夫の収入用途について話し合うことによって、夫から暴力を受けていることがインタビューの中で窺えた。女性は婚姻関係に固執しているため、婚姻関係を崩壊させるような経済活動への従事や拡大は難しい。例えば遠隔地での宿泊を伴う活動や、夫の収入を大幅に上回る活動、家事・育児、夫の畑の手伝いの妨げになるような活動は避けていた。私から見れば、経済的責任を果たさず、他に恋人や第2夫人を得ようとし、暴力を振るう夫と婚姻を続けることに意味があるのか不思議に思える状況だった。

世帯内では夫からの暴力もあるが、多くの女性は男性との関係維持を重視し、離婚を否定的に捉えていた。また、身近に離婚した人もいないという。未婚でいると周囲の人々が相手を紹介するが、未婚を続けていると「おかしい人」と周囲から蔑まれる。コミュニティにおいて、女性が未婚を続けることも、離婚することも不適切とみなされるという。未婚でいることに関して、「周囲の人々から尊敬されない・見下される」「誰かが嫌がらせや攻撃をしても、守ってくれる人がいない」「男性が家にいることが、他人が暴力を振るうことを思い止まらせる」と認識していた。女性の多くは婚姻関係に問題を抱えており、「夫と一緒に住んでいる」と言っても、「夫は他の女性のところへ行ったまま数ヶ月戻らない」という例もあった。また、「夫は自分が生きるも死ぬも気にしていない」「夫は自分を殴る」と、夫は世帯に必要な費用を捻出し畑仕事の役割を担うなど、男性の性別役割分業を実践しないだけでなく、女性への精神的身体的暴力にも及んでいる例もあった。しかしながら、離婚に関しては調査対象の女性全員が「良くないこと」と捉えており、「結婚したのであれば維持すべき」「子どもに悪影響を与えるので離婚は避けるべき」と婚姻関係の維持を強調していた。ポリガミーの実践については「自分の父がポリガミーを実践していて、子どものときに第2夫人にいじめられた」「夫には第2夫人がいるので、夫の収入を取られてしまう」「ポリガミーのために女性が魔術を使うようになる。第2夫人やその子どもに害を負わせようとする」と反対していたが、女性たちはポリガミーを実践する夫を問題と捉えるより、第2夫人が嫌がらせをすることを問題視していた。子どもの教育費も食費も、世帯に必要な費用の多くを妻が支出し、夫は性別役割分業に基づく責任を十分に果たしていない。このように、男性の性別役割を女性が担うという変化が散見された。ポリガミーの実践により、夫が世帯の必要以外に収入を費やしたり、夫が暴力をふるったり、婚姻関係が女性の生活向上の妨げと思われたが、女性は離婚にも未婚でいることにも否定的で、婚姻関係の維持を重視する。婚姻関係にあることは、土地へのアクセスを得るだけでなく、コミュニティからの承認や尊厳の維持という意味がある。しかし、婚姻関係維持への固執が、女性の世帯内での力関係を弱くしていると思われた。女性たちとコミュニケーションをよくとれるようになり、さらに婚姻関係とジェンダー規範について調査を進めたかったが、2019年の2度目の現地調査を最後に、新型コロナウイルスの拡大により調査は中断したままである。

3. 研究者として考えたジェンダー平等

開発ワーカーのときには見えていなかったこと

開発ワーカーとして関わっていた際にも、ナイジェリアの女性センター生徒や卒業生の家を訪問する機会は何度もあった。いつも自宅で調理をしている女性を見て、「女性は昼食や夕食の準備に1日中追われている」と思い込んでいた。何の疑問も持たなかったので、同行していたカノ州女性省の職員や女性センター職員に質問することもなかった。しかし女性たちは自宅で家事をしていたのではなく、自分の経済活動のために調理をしていた。恐らく、同行してくれた現地職員にとっては、女性たちが自分の経済活動をしていることが当たり前であるため、わざわざ私に説明しなかったのだろう。ナイジェリア北部の既婚女性は自由に外出できない隔離という慣習を実践しているが、単に「イスラームの慣習だから」という説明を以前は鵜呑みにしていた。しかし開発ワーカーとして何か活動を実施するのではなく、研究者として現状をじっくり観察し、人々から話を聞き、一つ一つの行動や認識の原因は何かを探ろうという姿勢で接していると、女性たちの行動や発言は伝統的価値観に従っていても、現在と将来の人間関係、自分が周囲からどのように見られるか等、複雑な状況の中で戦略を持って行動していることが分かってきた。開発ワーカーのときは、援助機関の資料や統計資料を読んでいたが、研究者になってからは、同じ分野や同じ地域に関する論文を現地に行く前によく読むようになった。開発ワーカーのときは現地に長く滞在し、現地の状況を肌で感じることが重要という根拠のない考えを持っていたが、長く滞在していても見えていないことは多いことに気づいた。他の研究者の知見を学ぶことで、現地に長く滞在しなくても対象地域をある程度は知ることができる。恐らく、長く研究者をしていくと、効率よく必要な情報を入手し、自分に必要な情報を取捨選択できるようになるのだろう。現地に滞在し、自分の足で探す情報は確かに貴重なものだが、インターネット環境が整い、電子ジャーナルにアクセスできる環境で、しっかり先行研究を読み調査方法を熟慮したうえで現地に入ることが必要だと気づいた。

開発ワーカーをしていたときは、外部者に評価されることが、何かプロジェクトに難癖をつけられているように感じていた。また評価の指標に入っていない変化が測られていないと感じていたし、プロジェクトを阻害する政府機関や人間関係の問題も、評価の中に含まれていないと思っていた。開発ワーカーが一生懸命活動しようが、利他的な気持ちから活動しようが、対象地の生活状況が良くなっていないのであれば、単に開発ワーカーの思い出作りに時間と資金と労力を費やしたことになる。何が要因となって上手くいかなかったのか、真摯に検証すべきだと思う。通常のプロジェクトのモニタリングや評価ではなく、もう少し長い期間をかけて対象地の変化を調査し、何が生活向上にプラスに、あるいはマイナスに作用しているのか明らかにできれば、その後の開発援助に有益な提言となるだろう。ここに、研究者が貢献できれば良いのにと思うが、開発ワーカーと研究者の橋渡しは難しく感じる。研究者として研究の対象地を探す際に、開発プロジェクトを実施しているところで調査をさせてもらえると有難いと思うが、なかなか難しい。自分が開発ワーカーだったときのことを考えると、研究者が入ってくると批判されているように感じていたので、現役の開発ワーカーの邪魔をしてはいけないと考えて関われない。研究者が開発プロジェクトのような介入を、研究対象地で実施しつつ研究を進めることができればいいが、そのようなアクション・リサーチを行うには相当な金額の研究費が必要になってしまい、現実には実施は難しい。

研究者と開発ワーカーとの大きな違いはなんだろうか。研究者は現状を記述し、原因を分析し、今後どうなるかを予測したり、可能な介入について提言したりすることはあっても、実際に現状を改善するための介入を行うことはない。現状を変えたいと思っているのに、まるで他人事のように原因を分析していることに居心地の悪さを感じる。いつか現場に戻るために研究していると思うようにしているが、開発ワーカーに戻れるのだろうか。開発ワーカーとしてアフリカ各地で長期滞在をしていた際に、何人もの「研究者」が短期間の調査に訪れた。調査して論文を発表しても、その調査対象者の生活を良くするために、研究者が何かすることはほとんどない。開発ワーカーとして見ていた研究者の最も嫌だと思った部分だが、今は私も同じことをしているのだろう。しかし、開発ワーカーも所属先や契約の相手方との関係に縛られる。JICAと直接契約して働く専門家、JICAからプロジェクトを受注したコンサルタント会社に所属して働くコンサルタント、NGOスタッフ等、開発ワーカーの働き方は様々である。多くのODAプロジェクトはコンサルタント会社によって実施されるが、援助機関からの仕様書どおりに期日までに行うことを優先するため、現地の政府機関カウンターパートが自分たちで活動するまで待てない。そのため、プロジェクトを請け負っている日本のコンサルタント会社が実際の作業をし、仕様書通りに活動を進め、現地カウンターパートは取り残されてしまい、彼らの能力向上には繋がらない。開発ワーカーとして働いていたときは、この問題に悩まされることが多かったが、研究者として対象地で調査をすると、対象地の住民の組合や現地のNGO、大学の教員と関わるので、現地政府機関の問題に煩わされずに済む。ODAプロジェクトの場合は相手国政府機関を通すので他の選択肢を見ていなかったが、研究者が直接住民を対象に調査をすることと同様に、開発プロジェクトも住民に直接裨益するような関わり方は可能であると思う。特にジェンダー平等を目指すような活動は、その成果が見えてくるまで時間がかかるものであり、3年から5年間程度の短期間の開発プロジェクトではなく、長く時間をかけて女性たちに寄り添うような関りが適切であろう。

女性の生活状況は良くなったのか？

開発ワーカーは対象地の生活状況を良くするための働きかけをする。多くの開発ワーカーは対象地の人々のために働いていると思う。しかし、善良な気持ちで関わっているとしても、実際に現地の人々の生活が良くなったかどうかは別のことである。これまで長くかかわったナイジェリア北部の女性たちの生活状況は良くなったのだろうか。ナイジェリア人口

表３－１　ナイジェリア北部の女性の状況の変遷

	1990年	1999年	2003年	2008年	2013年	2018年
初婚年齢	15.2歳	15.1歳	14.8歳	15.3歳	15.4歳	15.9歳
初産年齢	18.3歳	18.2歳	17.9歳	18.3歳	17.9歳	18.1歳
出産間隔	31.1ヶ月	29.4ヶ月	31.3ヶ月	30.8ヶ月	31.6ヶ月	30ヶ月
出生率	6.53	6.79	6.7	7.3	6.7	6.6
夫に複数の妻	43.6%	38.3%	40.2%	41.9%	43.1%	45.3%
学校教育をまったく受けていない	83.7%	76.9%	75.0%	74.2%	62.8%	63.8%

出所：ナイジェリア人口保健調査より筆者作成。

保健調査から、女性の生活状況を示す指標で１９９０年から２０１８年までの変化を見てみる（表３－１）。初婚年齢、初産年齢、出産間隔、出生率、夫に自分以外に妻がいる割合、学校教育をまったく受けていない女性の割合を取り上げた。ナイジェリア政府、二国間援助機関、国際機関や国際ＮＧＯなど、この期間に家族計画や母子保健、女子教育の推進など、多くの開発プロジェクトを実施してきたはずである。しかしこれらの指標から分かることは、１９９０年から２０１８年の30年近くの間、女性は15歳程度で結婚し、18歳で第1子を産み、2年半ごとに子供を産み、一生の間に6人から7人を産み、半数弱の女性には自分の夫には他にも妻がいるという状況に大きな変化がない。唯一、進展が見られるのは、学校教育を全く受けていない女性が83・7％から63・8％まで減っていることである。同じ期間に、ナイジェリアの経済力は向上し、インフラの整備は進んだ。

しかし、開発の恩恵を最も享受していない女性たちの、そのライフサイクルに最も影響を与える結婚と出産に関することは変わらないままである。

第2章で触れたように、ナイジェリアでは妊産婦死亡率が高く、特に北部地域では10万件の出産に対し約1、500人の妊産婦が亡くなってしまう。結婚も出産も、その地域のジェンダー規範に大きく左右される。子どもを多く産むことを良しとし、それが女性に最も期待される役割となっているので、家族計画の考えを浸透させることは難しい。北部カノ州の女性に面白かったハウサフィルム（ナイジェリア北部のハウサの人々の暮らしを描いたドラマ。安価なＶＣＤの形式で販売される）を聞いたところ、家族計画を揶揄するような内容があった。「子どもは４人産めば十分と保健省から推奨されたので、４人産んだ後に、避妊手術を受けました。その後、４人の子供たちは相次いで病気で死んでしまいました。でも私にはもう子供は産めません。夫は、私を捨て他の女性と再婚しました。」このような内容のドラマを女性たちが見たら、家族計画を実施しようとは思わなくなるだろう。女性が避妊手術をする側というドラマの設定は現実を反映しているのだろうが、リプロダクティブヘルス・ライツ（性と生殖に関する健康と権利）が掲げる、産む産まないに関する女性の自己決定権からは程遠い。ナイジェリア北部のように一夫多妻制が実践されていると、妻の間で子供を多く産もうと競争になることも家族計画が浸透しない背景にある。こうして子供を多く産むことが女性の役割であり、女性の価値を上げるとみなされていくと、親は早く結婚させようとする。結婚後も学業を続ける例もあるが、多くは中退する。無事に高校まで卒業しても、結婚すると世帯内では発言力もなく、家事と育児をして家の中で過ごす毎日となる。博士論文の調査でインタビューした女性たちの中には高校を卒業している女性もいたが、結婚後の暮らしは他の女性たちと変わらず、夫に従い隔離を実践し家の中でできる範囲の経済活動をしていた。女性の教育レベルが向上しても、経済力が向上しても、「女性は結婚し子供を産む役割がある」「妻は夫に従うべき」という規範は執拗に残り、この規範から逸脱するとコミュニティで生きづらくなる。尊厳を大事にする人々にとって、コミュニティの人々から低く見られたり、噂話にされたりすることは、「学校教育を受けていない」「経済力がない」ことよりも耐え難い困難となる。

世帯内のジェンダー平等

アフリカ、アジアの複数の国で女性たちの暮らしぶりを調査して、どこの地域でも性別役割分業の変化は見られた。それは、女性が家事・育児・介護や自家消費用の農作業という従来の役割に加えて、男性が担っていた世帯外から収入を得てくるという役割も担うようになったという変化である。一方、男性が女性の役割を担う事例はどこの地域でも一般的ではなく、男性の負担は増えていないが女性の負担が増えるようになっていた。さらに、男性が従来の男性役割も担わなくなった事例も多く見られた。男性が世帯のニーズを賄えるほどの経済力を持てず、世帯ニーズを満たせるよう稼ぐという役割を放棄したり、暴力を振るったり、妻子を置いて出ていったりしていた。そして、男性が経済的責任を果たさなくなるに従い、女性がさらに世帯に経済的に貢献するようになっていた。しかし、どれだけ女性が男性役割も担い、世帯に経済的にも貢献するようになっても、家父長制に基づくジェンダー規範は執拗に残り、なかなか変わらない。特に婚姻に関するジェンダー規範は、人々に深く内面化されている。女性が世帯外で経済活動に従事し、値段交渉をしたり意思決定をしたり、女性の社会的経済的地位が向上しているように見えていても、世帯内では発言力が弱く、夫や義両親に従わざるをえない。女性にとって世帯内が安全ではない場になることもある。しかし、ドメスティック・バイオレンスの被害に遭っていても婚姻関係を維持しようとしたり、自分の経済力が夫を上回らないように調整したり隠したり、世帯内の力関係は平等になることを回避しようとしているように見えた。また、女性の中にはジェンダー規範に積極的に従うことで、世帯外での経済活動や社会活動の継続を獲得するという戦略をとる例も散見された。

世界経済フォーラムが毎年発表する「ジェンダー格差レポート」の2022年版によれば、ジェンダー格差解消の進捗が現在のままであれば、格差の解消には132年かかるという。

さらに、日本を含む東アジア・太平洋地域では168年、南アジア地域では197年もジェンダー格差の解消に要するという。ジェンダー格差が少ない国々が多い北米や欧州でも、ジェンダー格差の解消まで約60年かかるという。ジェンダー平等を達成した社会がまだ存在しないので、ジェンダー平等が達成された社会を思い描くことが難しい。「ジェンダー格差レポート」は教育、保健医療、経済、政治の4分野におけるジェンダー格差を、いくつかの指標でみている。それらの指標に男女格差がなくなった状況が、ジェンダー格差が解消された社会であるとすれば、政治においては国会議員の男女比や閣僚の男女比は同程度になり、国家元首が女性であることが当たり前に扱われ、経済に関しては、男女の賃金格差がなくなり、管理職や技術職の男女比も同程度になっている。教育に関しては初等教育から高等教育まで就学率に男女差がなくなり、保健医療に関しては出生時の男女比に差がなく、健康寿命にも男女差がなくなっている。このようにジェンダー格差が解消されれば、女性も男性もジェンダー規範に言動を制限されることがなく、世帯内の力関係も平等になり、ジェンダー平等な社会となっているのだろうか。

これまで様々な調査対象地域で出会った女性たちの言葉からは、女性たちの望みは日々の生活を経済的な心配をせずに過ごし、暴力を受ける不安がなく安心して自由に行動し、自身の尊厳が守られる状況であると考えられる。世帯外のジェンダー平等が進まないと、多くの人々の性別役割分業は変わらず、ジェンダー規範も執拗に残り、世帯内のジェンダー平等は実現しないだろう。ナイジェリア北部やカメルーンで調査した女性たちは特に厳しい状況で生活していたが、困難な状況にいても主体的に生活を良くしようとする女性たちもいた。今後は、研究者と開発ワーカーの両方に関わりながら、彼女たちが望む生活に少しでも近づくよう、その阻害要因を明らかにし、ジェンダー規範が薄れて世帯内のジェンダー平等に向かうような国際協力のあり方を探し続けたい。

注

（1）1997年にアジア経済危機がタイに影響を与えた際に、当時のプミポン国王が提唱した「足るを知る経済」は、タイ国民が自身の収入に見合った、食べ物に困らない暮らしを送るという考え方で、環境に負荷をかけず自足できる暮らしを目指した。

（2）ポリガミーは複婚と訳され、一夫多妻や一妻多夫を示す。第2章のナイジェリア北部の説明では一夫多妻制という用語を用い、1人の男性が複数の女性と婚姻している状態を示した。カメルーンの事例では、1人の婚姻した男性が妻以外の女性と婚姻せず同居したり、同居せず恋人関係であったりという状況のため、ナイジェリア北部の事例と区別してポリガミーという用語を用いた。

おわりに

2023年1月、8年ぶりにナイジェリアを訪問した。私が住んでいた首都のアブジャや、プロジェクトを実施し博士論文の調査をした北部のカノ州は治安悪化により訪問できず、南西部オグン州の州都アベオクタを訪れた。活気ある人々の様子や頻繁な停電、産油国でありながらガソリン不足で、長蛇の列や闇ガソリン売りが見られるところは相変わらずだと懐かしく感じた。一方で、8年間の間の発展も感じられた。今やナイジェリアはアフリカ一の経済大国で、あちこちに中国企業が建設した道路や中国企業の工場が見られた。2023年2月に大統領選挙を控えているため、そこら中に大統領選挙や同時に行われる州知事の選挙ポスターが貼られているが、州レベルでは女性候補者のポスターも見られた。

今でも、ナイジェリアの配属先のSNSを時々見ている。毎年恒例のいろいろな行事があり、その度に大臣やセンター長のスピーチがあり、動員された女性たちに物品がばらまかれる。何も変わっていないと懐かしくもあり、進歩がないようにも思う。それでも最近、SNSで嬉しいニュースを知った。ナイジェリアでJICA専門家として初めて赴任した際に知り合った、欧米の援助機関のナショナルスタッフをしていたナイジェリア人の女性が、2022年、国連女性差別撤廃委員会のメンバーに見事に選出された。彼女は、その援助機関のスタッフになる前は私の配属先であった国立女性開発センターの職員だった。彼女の目標は明確で、ナイジェリアのジェンダー平等の達成だった。そのためにはナイジェリアの政府機関にいても動けないと考え、援助機関のナショナルスタッフになったと話していた。それから18年が過ぎたが、ナイジェリアのジェンダー平等の達成のために活動するという彼女の信念が変わらず、その目標のために最適の仕事を得たのだと嬉しくなり、羨ましくもあり、また、勇気づけられた。

この原稿を書いていて、これまで多くの人々にインタビューさせてもらったことを振り返ることができた。ナイジェリアだけでなく、ニジェール、レソト、タンザニア、ナミビア、ラオス、タイ、カメルーンと様々な生活環境で生きる女性たちの暮らしぶりを聞かせてもらった。厳しい状況にあっても尊厳を守り主体的に生きようとする女性たちの姿勢が、私のジェンダー平等と国際協力への情熱を維持させていると思う。25歳で青年海外協力隊に参加したことが、ジェンダー平等と国際協力を仕事とする大きな転機となった。以来、変わらない友情を示してくれる青年海外協力隊駒ヶ根訓練所同期の江刺和広氏、土居庸子氏、倉岡哲氏、佃弘之氏に感謝したい。青年海外協力隊への参加で得た貴重な経験は本書に記したとおりだが、駒ヶ根訓練所とフランスでの語学研修、西アフリカでの活動経験を共有している同期という、損得勘定なく付き合え、協力隊後のお互いの成長を見守り励まし合える仲間を得られたことも、私の人生の大きな宝物となっている。

ニジェールやレソトでの活動は記憶も薄れている部分もあった。幸い、両親が私からの手紙やニジェールで執筆していたニュースレター等、当時の記録をすべてきれいに保管してくれていた。そのおかげで当時の自分の考えを辿ることもできた。両親は、はるばるニジェールまで旅し、私の活動先や生徒の家を訪問し、私がニジェールで一緒に過ごしていた人々と会い、私のアパートに泊まり1週間あまりのニジェール生活を体験した。ニジェール、レソト、イギリス、ナイジェリアと、私の長期海外駐在中はいつも日本から食料や物資を送り、私の活動を支えてくれていた両親に深く感謝したい。

最後に、なかなか進まない原稿を根気よく待っていただいた創成社の西田徹氏と、本書の執筆を勧めてくれた、シリーズの監修者であり、私の博士論文指導教員で龍谷大学経済学部教授の西川芳昭先生に改めてお礼を申し上げます。

参考文献

【洋書】

Agarwal, B. (1994). *A field of one's own: Gender and land rights in South Asia*. Cambridge University Press.

Agarwal, B. (1997). "Bargaining' and Gender Relations: Within and Beyond the Household." *Feminist Economics*, 3 (1):1-51.

Becker, G. S. (1965). "A Theory of the Allocation of Time." *Economic Journal*, 75 (299) : 493-517.

Boserup, E. (1970). *Women's Role in Economic Development*., N.Y. St. Martins Press.

Bryceson, D. F. (1995). "Gender relations in rural Tanzania: Power politics or cultural consensus?" *Family, Household and Gender in Tanzania*. C. Creighton and C. K. Omari. Hants, Ashgate Publishing Limited.

Bryceson, D. F. (1999). "African Rural Labour, Income Deviersification and Livelihood Approaches: A long-term Development Perspective." *Review of African Political Economy*, 80 : 171-189.

Buvinic, M. (1986). "Projects for Women in the Third World: Explaining their Misbehavior." *World Development*, 14 (5): 653-664.

Goetz, A. M. and R. S. Gupta (1996). "Who Takes the Credit? Gender, Power, and Control Over Loan

Use in Rural Credit Programs in Bangladesh." *World Development,* 24 (1): 45-63.

Kabeer, N. (2001). "Conflicts Over Credit:Re-Evaluating the Empowerment Potential of Loans to Women in Rural Bangladesh." *World Development,* 29 (1) : 63-84.

Kandiyoti, D. (1995). "Reflections on the Politics of Gender in Muslim Societies: From Nairobi to Beijing." M. Afkami (ed.) *Faith and Freedom*, London: I.B. Tauris, pp. 19-32.

Kiyomi KAIDA (2002) "The Impact of Micro-finance on Gender Relations: The Case of a Suburban Village in Tanzania" (修士論文) School of Development Studies, University of East Anglia.

Kiyomi KAIDA, Yoshiaki NISHIKAWA, Thomas Benisiu, Ottilie Shivolo, Vistorina Hango (2017). "What encourages households to adopt rice as a new crop?" *Development in Practice,* VOL.27, NO7, 952-964.

Mabsout, R. and I. van Staveren (2010). "Disentangling Bargaining Power from Individual and Household Level to Institutions: Evidence on Women's Position in Ethiopia." *World Development,* 38 (5): 783-796.

Manser, M. and M. Brown, (1980). "Marriage and Household Decision-Making - A Bargaining Analysis." *International Economic Review,* 21 (1): 31-44.

Mayoux, L. (1998). "Participatory Learning for Women's Empowerment in Micro-Finance Programmes: Negotiating Complexity, Conflict and Change." *IDS Bulletin,* 29 (4): 39-50.

McElroy, M. B. and M. J. Horney, (1981). "Nash-Bargained Household Decisions – Toward a Generalization of the Theory of Demand." *International Economic Review,* 22 (2): 333-349.

Mohanty, C. T. (2003). "Under western eyes" revisited: Feminist solidarity through anticapitalist struggles." *Signs,* 28 (2): 499-535.

Moser, C. O. N. (1993). *Gender Planning and Development : Theory, Practice and Training.*

National Bureau of Statistics (2002). *Tanzanian Household Budget Survey.*

NDHS (1990). Nigeria Demographic and Health Survey. National Population Commission.

NDHS (1999). Nigeria Demographic and Health Survey. National Population Commission.

NDHS (2003). Nigeria Demographic and Health Survey. National Population Commission.

NDHS (2008). Nigeria Demographic and Health Survey. National Population Commission.

NDHS (2013). Nigeria Demographic and Health Survey. National Population Commission.

NDHS (2018). Nigeria Demographic and Health Survey. National Population Commission.

Pottier, J. (1994). "Poor Men, Intra-household Bargaining and the Politics of Household Food Security." P. J. Ingrid Yngstrom, Kenneth King, Camilla Toulmin, Ed. *Gender and Environment in Africa.,* Centre of African Studies, University of Edinburgh: 156-174.

Sen, A. K (1990). "Gender and Cooperative Conflicts." I. Tinker Ed. *Persistent inequalities: Women and World Development*, New York, Oxford University Press: 123-149.

Silberschmidt, M. (2001). "Disempowerment of Men in Rural and Urban East Africa: Implications for Male Identity and Sexual Behavior." *World Development,* 29 (4): 657-671.

Singh, S. (2007). "Deconstructing 'gender and development' for 'identities of women'." *International Journal of Social Welfare,* 16 (2): 100-109.

TGNP and SARDC (1997). *Beyond inequalities: women in Tanzania.*

Thomas, D.（1997）. "Incomes, Expenditures, and Health Outcomes: Evidence on Intrahousehold Resource Allocation.", Haddad, L., J. Hoddinott and H. Alderman Ed. *Intrahousehold Resource Allocation in Developing Countries -Models, Methods and Policy-*. The John Hopkins University Press.

Quisumbing, A. R. and J. A. Maluccio（2003）. "Resources at marriage and intrahousehold allocation: Evidence from Bangladesh, Ethiopia, Indonesia, and South Africa." *Oxford Bulletin of Economics and Statistics*, 65（3）: 283-327.

Quisumbing, A. R.（2003）. "What Have We Learned from Research on Intrahousehold Allocation?" Quisumbing, A. R., Ed. H*ousehold decisions, gender, and development : a synthesis of recent research*. Washington, D. C. Baltimore, Md., International Food Policy Research Institute, Distributed by the Johns Hopkins University Press. 1-18.

Whitehead, A.（1981）. 'I'm Hungry, Mum'. C. Wolkowitz and R. McCullagh, Kate Young Ed. *Of Marriage and the Market*., Routledge: 93-116.

【和書】

伊藤るり（１９９５）「〈グローバル・フェミニズム〉と途上国女性の運動　－ＷＩＤと女性のエンパワーメントをめぐって」『世界政治の構造変動４　市民運動』坂本義和、岩波書店。

甲斐田きよみ（２００２）「モヘヤ製品化プロジェクトへの挑戦」『地球市民のための情報誌　Ｊ－ｅｙｅｓ』４号、Ｊリサーチ出版、97－１０１頁。

甲斐田きよみ（2004）「JICA派遣短期専門家　ナイジェリア国ジェンダー課題アドバイザー業務完了報告書」。

甲斐田きよみ（2004）「JICA企画調査員（ジェンダーと開発）　ナイジェリア国　業務完了報告書」。

甲斐田きよみ（2006）「JICA派遣長期専門家　ナイジェリア国ジェンダー課題アドバイザー業務完了報告書」。

甲斐田きよみ（2010）「JICA技術協力プロジェクト『ナイジェリア国　女性の生活向上のための女性センター活性化支援』業務完了報告書」。

甲斐田きよみ・西川芳昭（2017）「稲作導入が女性農民の行う世帯内意思決定に与え得る影響―ナミビア北部オヴァンボ人の事例―」『農村生活研究』第59巻第2号、2－13頁。

甲斐田きよみ（2018）「女性の経済活動と世帯内意思決定～ラオスの織物グループを事例として～」文京学院大学外国語学部　紀要、第17号、145－153頁。

甲斐田きよみ（2019）甲斐田きよみ「ジェンダー役割と規範の変化～タイ東北部を事例として～」文京学院大学外国語学部　紀要、第18号、39－47頁。

甲斐田きよみ（2019）「母系社会における世帯内役割の変容とジェンダー規範への影響～タイ東北部を事例として～」『比較文化研究』第136号、日本比較文化学会、69－79頁。

甲斐田きよみ（2020）「アフリカにおけるジェンダーと開発　女性の収入向上支援と世帯内意思決定」春風社。

甲斐田きよみ（2021）「カメルーン農村における女性の経済活動～性別役割分業とジェンダー規範が

与える影響～」『比較文化研究』第145号、日本比較文化学会。

外務省国際連合局（1975）世界行動計画。

世界経済フォーラム（2022）Global Gender Gap Report 2022.

世界銀行（2012）世界開発報告2012　ジェンダー平等と開発。

田中由美子（2002）「「開発と女性」（WID）と「ジェンダーと開発」（GAD）」『開発とジェンダー　エンパワーメントの国際協力』田中由美子・大沢真里・伊藤るり、国際協力出版会。

村松安子（2005）『「ジェンダーと開発」論の形成と展開：経済学のジェンダー化への試み』未来社。

JICA（2002）課題別指針「ジェンダー主流化・WID」。

JICA（2009）課題別指針「ジェンダーと開発」。

UNDP（1995）人間開発報告書「ジェンダーと人間開発」。

UNDP（2010）人間開発報告書。

【ホームページ】
JICA HP　https://www.jica.go.jp/volunteer/index.html ＜2023年1月30日アクセス＞
WorldBank HP　https://www.worldbank.org/en/home ＜2023年1月30日アクセス＞
国連ボランティアHP　https://unv.or.jp/ ＜2023年1月30日アクセス＞

《著者紹介》

甲斐田きよみ（かいだ・きよみ）

文京学院大学外国語学部・外国語学研究科准教授。

名古屋大学国際開発研究科博士後期課程満期退学。博士（国際開発学）。1995年から1998年に青年海外協力隊としてニジェールで，2000年から2002年に国連ボランティアとしてレソトで活動。2003年から2006年にJICAジュニア専門員としてJICA本部およびナイジェリアで勤務。2007年から2010年にJIC派遣長期専門家として，ナイジェリアで技術協力プロジェクト「女性の生活向上のための女性センター活性化支援」に，2013年から2014年に同プロジェクトのフェーズ2に従事。2016年より文京学院大学教員。

《主な著書》

『アフリカにおけるジェンダーと開発　女性の収入向上支援と世帯内意思決定』（単著）2020年，春風社。

『はじめてのジェンダーと開発現場の実体験から』（共編著）2017年，新水社。

（検印省略）

2023年8月20日　初版発行　　　　略称 — ジェンダー

ジェンダー平等と国際協力
—開発ワーカーと研究者の視点から—

著　者　甲斐田きよみ
発行者　塚　田　尚　寛

発行所　東京都文京区春日2－13－1　株式会社　創　成　社

電　話　03（3868）3867　　F A X　03（5802）6802
出版部　03（3868）3857　　F A X　03（5802）6801
http://www.books-sosei.com　振　替　00150-9-191261

定価はカバーに表示してあります。

ISBN978-4-7944-5074-6 C0236
Printed in Japan

組版：スリーエス　印刷・製本：

落丁・乱丁本はお取り替えいたします。

創成社新書・国際協力シリーズを手に取ってくださった方へ

「誰も置き去りにしない」という目標を掲げた「持続可能な開発目標」（SDGs）が、途上国がイニシアティブをとりながら、市民社会とも連携して、国連総会において全会一致で採択され、世界中の公・共・私すべてのセクターで積極的な取り組みが始まった。また、マクロヒストリーの研究者ハラリは、その著書「ホモ・デウス」において、「これまでの歴史の中でずっと飢餓、疫病、戦争に苦しめられてきた人類が、それを克服しつつある今なにに取り組むべきか。」という楽観的とも言える問いかけを行っている。

いずれも、ほんの数年前の出来事（2015年）であるが、気候変動の影響は激化し、COVID-19に翻弄され、ロシアのウクライナ侵攻を目撃した2022年に生きる私たちは、これらの世界的枠組みや歴史認識が根本的に崩れつつあることを実感として体験している。

国際協力シリーズは、2008年の発刊当初から、現場を踏まえたうえで、日本で一般的に語られている国際協力の言説とは少し異なる、しかし国際協力を鳥瞰的に見た際にはとても重要だと考えられるトピックについて、理論と実践を交えた内容を世に出し続けてきた。

とどまるところを知らない環境破壊、パンデミックや戦争に翻弄される「人新世」に生きる私たちが生き延びるためには、真の共生社会を構築する必要があることを踏まえ、今後も国際協力の実際と、今後のあるべき姿を丁寧に議論する素材を提供していきたいと考えている。それぞれの分野の実践と研究の両方に精通した執筆陣が、決して「国際協力に関する正しい知識」を示すのではなく、トピックの国際的状況の解説と、執筆者しか語れない個別的事象を繋げた、国際協力について共に考えるメッセージを受け取って戴ければ幸いである。

2022年9月　シリーズ監修者　西川芳昭